SHODENSHA
SHINSHO

定年後　年金前

——空白の期間にどう備えるか

岩崎日出俊

祥伝社新書

はしがき

「浪人生活に入ります」

こう題するメールが、高校時代の後輩（55歳）から送られてきました。大学卒業後、中堅商社に就職して32年。定年後の人生設計を真剣に考え始めた矢先、経営不振による業務縮小でリストラの対象になったこと、早期退職に対する退職金の割り増しもないことなどが報告されたあと、メールはこうつづいていました。

「まさか定年を前にリストラされるとは思っておりませんでしたが、正社員でも55歳以上が今回は対象となりました」

「大手企業なら退職金の割増などがあるかもしれません。しかし弊社はすでに昨年、早期退職優遇制度を実施し対象者全員に退職金を支払い済みです。したがって今回は最長5ヵ月間の休業（その間は7割補償）の後は退職ということになります。もちろん、失業保険はそれからとなります」

「55歳のおじさんを雇ってくれるところが簡単に見つかるはずもなく、フリーですぐ活動する気持ちにもなれません。当面は浪人生活になると思います。明日から2週間、リストラ通告前から予定していた休暇で海外におりますので、受信は不能になります」

通りいっぺんの慰めメールは送らないでくれ――最後の一文は、そんなメッセージにも思えました。


企業に就職した人は、そこでどんなに優れた実績を残そうが、やがて追われるように仕事場から去って行きます。50代が近くなると、誰もが「その日」を頭の片隅に入れて、人生のセカンドステージを思い描くはずです。

そのなかで、明るい未来を描ける人がどれだけいるでしょう。

「退職金や年金の額はいくらか」

「老後の資金はいくら必要か」

さらには再就職先、親の介護問題などなど、不安材料しか頭に浮かばないという人のほうが多いと思います。

しかし、ただ不安に怯《おび》えていても始まりません。定年の日は確実に近づいています。このあたりで真正面から不安に向き合い、それを取り除く方法を考えていきましょう。

私たち昭和世代の企業人間の頭には、年功序列型終身雇用の人生設計がいつの間にか刷《す》り込まれています。

――50代前半になったら専門職に移行し、60歳でいったん退職して再雇用、65歳まで働いたらあとは年金で楽隠居――。

こうした時間軸を、あなたもごく当たり前の姿と思っていませんか？　この制度は大企業や役所に都合がいいよう考えられたルールにすぎません。しかも、実際はこれももう破《は》綻《たん》しています。

海外のサラリーマン事情はどうでしょう。アメリカには、若い頃金融市場のトレーダーとして昼夜なく働き、30代、40代で引退していく、という人も珍しくありません。その後、65歳になってお金がなくなり、また働き始める人もいます。

要は企業の都合に振り回されるのではなく、自由に自らの人生を設計しているのです。これからは日本でも、企業が作る金太郎飴《あめ》のような画一ルールは通用しなくなります。現にもう、冒頭で紹介した私の後輩のような人が大勢いるはずです。

企業側が変わったのなら、私たちも頭の中身を入れ替えて、自分の生活を守らなくてはなりません。常に上司の指示を待っていた行動パターンを改め、自ら動いて周囲にプラスのエネルギーを与える存在になれたらどんなにいいでしょう。

定年後の生活に必要なのは、そんな積極性なのです。年金や再就職の問題も、今から情報を集め、備えを固めておけば恐れる必要などありません。寿命が延びた今、現在の60歳はひと昔前の50歳です。定年後に再就職するのではなく、個人で起業することも充分可能です。

本書では、「定年退職後」の生活にまつわる問題、とりわけ年金と仕事の問題について、さまざまな事例を交えながら述べていきます。

会社という組織を離れたあと、自分の生活や健康を守れるのは自分自身だけです。本書がその一助になればうれしく思います。

岩崎日出俊

2011年1月

目　次

編集協力／海風社
図版制作／オリーブグリーン

第1章　年金不安を吹き飛ばす

えっ、これだけしかもらえない？

「ほんとうにこれだけですか」

日本年金機構の足立年金事務所を訪れた山本豊さん（57歳）は思わずこう叫んでしまいました。

「そうです。このねんきん定期便にあるとおりです」

年金事務所の係員は、穏やかな顔つきで答えます。

「ちょっと待ってください。そうすると私が60歳になっても、その年には年金がまったくもらえないということでしょうか？」

「そうです。山本さんの場合は、昭和28年生まれですから、年金の支給は61歳からになります」

穏やかな表情のまま、きっぱりした口調で係員は説明をつづけます。

「山本さんが61歳から受け取れる年金は、月額7万4０００円です。65歳になるとこれに6万円ほど上乗せされ、合わせて月額13万4０００円になります」

これを聞いた山本さんは、それまで漠然と思い描いていた定年後の人生設計が甘かったことを思い知ったのでした。

山本さんは東京に本社を置く食品会社に勤めています。大卒で入社して以来、国内の営業部や貿易部門を経て、平成22年の春に営業部の部付き部長になりました。

定年まであと3年。日本年金機構から「ねんきん定期便」が送られてきたのを機に、自分がもらえる年金額を確かめようとしたのですが、定期便の読み方がよく分かりません。そこで1日休暇を取り、自宅近くの年金事務所で実際の支給額を確かめたのでした。

「困りました。近い将来、年金支給の開始年齢が65歳になることは知っていましたが、それが自分にも当てはまるとは思っていませんでした。会社では近いうちに再雇用プログラムが始まることになっています。でも、給与は5割もカットされるといううわさです。65歳から満額でもらえる年金額も予想より低いことが分かりましたし、60歳になったらどうやって生活していったらいいのか」

と山本さん。はたして山本さんの年金は、特別に「低い」のでしょうか。

厚生労働省が発表している年金のモデル世帯ケースと比べてみましょう。モデルは20歳で就職し、厚生年金に加入して60歳まで同じ会社に勤めた男性です。この男性が65歳からもらう年金は、月額16万7０００円。これを見るかぎり、山本さんの年金額は特に低いわけではなく、一般的なサラリーマンの例と判断できます。

厚生年金の支給額が人によって違うのは、会社員時代の年収に左右されるからです。それともう1つ、重要な点があります。

昭和28年生まれの山本さんが若かった頃、大学生は卒業して就職するまで年金を払う必要がありませんでした。山本さんが年金に加入したのも、会社に入った23歳です。一方厚生労働省が発表したモデルケースでは、20歳から保険料を支払っています。モデルケースより山本さんの年金額が月3万3000円低いのは、この3年の差もあるようです。

いずれにせよ、月額13万円から17万円というのが、ごく普通のサラリーマンが受け取る年金額と言えるでしょう。

個人事業を営んでいる人の場合は、サラリーマンよりさらに厳しいものになります。佐藤英志さん（52歳）の例をご紹介しましょう。

佐藤さんの職業は、日本を訪れる外国人の通訳と案内。通訳案内士試験と呼ばれる国家試験を受けて資格を取り、フリーで仕事をしています。ちなみに通訳案内士試験は6年ほど前までは合格率5％という超難関試験だったのですが、こんな狭き門をくぐり抜けて活躍している佐藤さんの年金がさらに厳しいとは、いったいどういうことなのでしょうか。

サラリーマンの山本さんが加入している年金は厚生年金ですが、佐藤さんのような「個人事業主」は国民年金に加入しています。厚生年金と違い、国民年金は年収に関係なく保険料が決まっていますが、もらえる年金額は厚生年金よりかなり低い額にしかなりません。

昭和33年生まれの佐藤さんに届いた「ねんきん定期便」によれば、65歳から受け取れる年金は月額4万9000円。生活保護費より少ない金額です。

厚生労働省によると、国民年金は満額で月6万6000円ですが、これは40年間保険料を払いつづけた人のケース。佐藤さんは若い頃に海外を放浪していたことがあるので、国民年金の加入期間は、彼が60歳になる時点で31年間にしかなりません。このため支給額が低くなっているのです。

このように年金の受取額は厚生年金と国民年金によっても異なりますし、勤め先や加入期間によっても異なります。また受給年齢も現在段階的に引き上げられています。

いったい自分の年金はいつから、いくらもらえるのか、不安な気持ちを抱えている人のために、年金についてのポイントをここで簡単に整理しておきましょう。

① 厚生年金加入者
サラリーマンで厚生年金に加入している人は、65歳から月額16万7000円（厚生労働省発表のモデルケース）程度の年金がもらえる。

このサラリーマンの妻（専業主婦　厚生労働省のモデルケース）は、別途月額6万6000円、夫妻で合計23万3000円もらえる。

なお昭和36年4月1日以前に生まれた男性と、昭和41年4月1日以前に生まれた女性は、65歳になる前でも年金の一部がもらえる。
② 国民年金加入者
個人事業者など国民年金にしか入っていない人は、満額でも月6万6000円しかもらえない。
③ 企業年金
一部の大企業には、公的年金とは別に手厚い企業年金が用意されている。

「うちの会社は大企業だし、経営も破綻しそうにない。年金に関しては安心だ」

ここまで読んでそう思った方も、もう少し先まで付き合ってください。じつは年金制度そのものがぐらついていますし、老後の生活に必要な資金を計算していくと、そう安心してもいられません。年金をどう考え、どう活《い》かすか。老後の生活設計において、これが重要なポイントになってくるはずです。

ねんきん定期便を読み解く

自分の年金を知るいちばん手っ取り早い方法は、日本年金機構から送られてくる「ねんきん定期便」を見ることです。ねんきん定期便とは、過去の年金記録や将来の年金見込み額が記された書類で、平成21年4月から年金加入者全員に毎年1回送られてきます（21ページ）。

しかし、前項の山本さんの例にもあったように、この定期便の見方はけっして簡単ではありません。そもそも年金制度そのものが、かなり難解なのです。

年金に関する本はたくさん出ているので、まず本で仕組みを勉強しようと思うと、これもまた分かりづらい。普通のサラリーマン読者が戸惑うのは、専門用語が次から次へと出てくることです。

たとえば「マクロ経済スライド」とは何のことか、分かりますか？　一見経済学の用語のようですが、そうではありません。役人の世界でだけ通じる特殊な用語です。役所では年金の加入者が少なくなったり、平均寿命が延びるなどの状況に応じて年金の支給額を変える制度を「マクロ経済スライド」と呼ぶようですが、一般の経済学者の方はご存じないと思います。

この奇妙な言葉をすべて英語にして「macro economic slide」と外国人に言ったところで通じません。これはあくまで、役人による役人のための造語なのです。

じつはこのほかにも年金用語には難解な言葉が多く、厚生労働省の役人がわざと普通の人間には理解しにくい言葉を創り出しているのかと思えるほどです。

しかし、いくら用語が難解でも、年金の仕組みについては基本的なところを押さえておきたいものです。そうしないと老後の生活設計がうまく立てられないからです。

日本の年金制度をごく簡略化すると、２階建ての家に譬《たと》えられます（23ページ）。１階部分は国民年金。前項の個人事業者・佐藤さんが加入している年金で、満額だと月額６万6000円の支給です。サラリーマンの夫をもつ専業主婦がもらえる月６万6000円の年金も、この１階部分に当たります。

ねんきん定期便

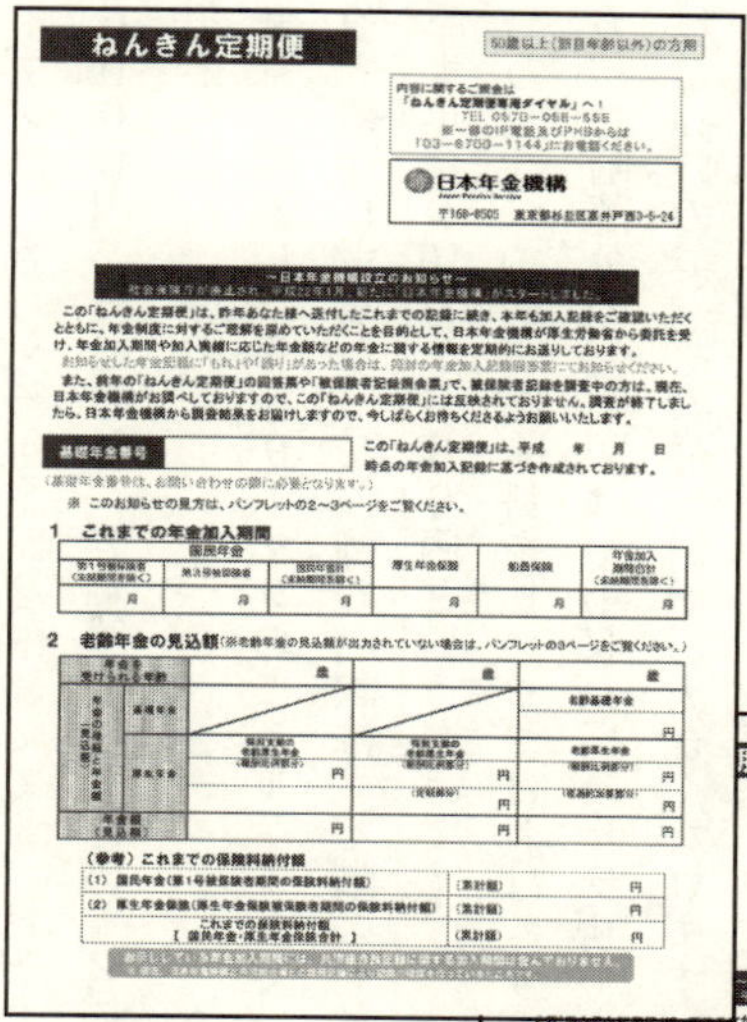

ねんきん定期便

50歳以上（節目年齢以外）の方用

内容に関するご照会は
「ねんきん定期便専用ダイヤル」へ！
TEL 0570－058－555
※一部のIP電話及びPHSからは
「03－6700－1144」にお電話ください。

日本年金機構
〒168-8505　東京都杉並区高井戸西3-5-24

〜日本年金機構設立のお知らせ〜

この「ねんきん定期便」は、昨年あなた様へ送付したこれまでの記録に続き、本年も加入記録をご確認いただくとともに、年金制度に対するご理解を深めていただくことを目的として、日本年金機構が厚生労働省から委託を受け、年金加入期間や加入実績に応じた年金額などの年金に関する情報を定期的にお送りしております。

また、前年の「ねんきん定期便」の回答票や「被保険者記録照会票」で、被保険者記録を調査中の方は、現在、日本年金機構がお調べしておりますので、この「ねんきん定期便」には反映されておりません。調査が終了しましたら、日本年金機構から調査結果をお届けしますので、今しばらくお待ちくださるようお願いいたします。

基礎年金番号

この「ねんきん定期便」は、平成　年　月　日時点の年金加入記録に基づき作成されております。

※ このお知らせの見方は、パンフレットの2〜3ページをご覧ください。

1　これまでの年金加入期間

国民年金			厚生年金保険	船員保険	年金加入期間合計（未納期間を除く）
第1号被保険者（未納期間を除く）	第3号被保険者	国民年金計（未納期間を除く）			
月	月	月	月	月	月

2　老齢年金の見込額（※老齢年金の見込額が出力されていない場合は、パンフレットの3ページをご覧ください。）

年金を受けられる年齢		歳	歳	歳
年金の種類と年金額（見込額）	基礎年金			老齢基礎年金　円
	厚生年金	特別支給の老齢厚生年金（報酬比例部分）　円	特別支給の老齢厚生年金（報酬比例部分）　円 （定額部分）　円	老齢厚生年金（報酬比例部分）　円 （経過的加算部分）　円
年金額（見込額）		円	円	円

（参考）これまでの保険料納付額

（1）国民年金（第1号被保険者期間の保険料納付額）	（累計額）	円
（2）厚生年金保険（厚生年金保険被保険者期間の保険料納付額）	（累計額）	円
これまでの保険料納付額【国民年金・厚生年金保険合計】	（累計額）	円

50歳以上の方

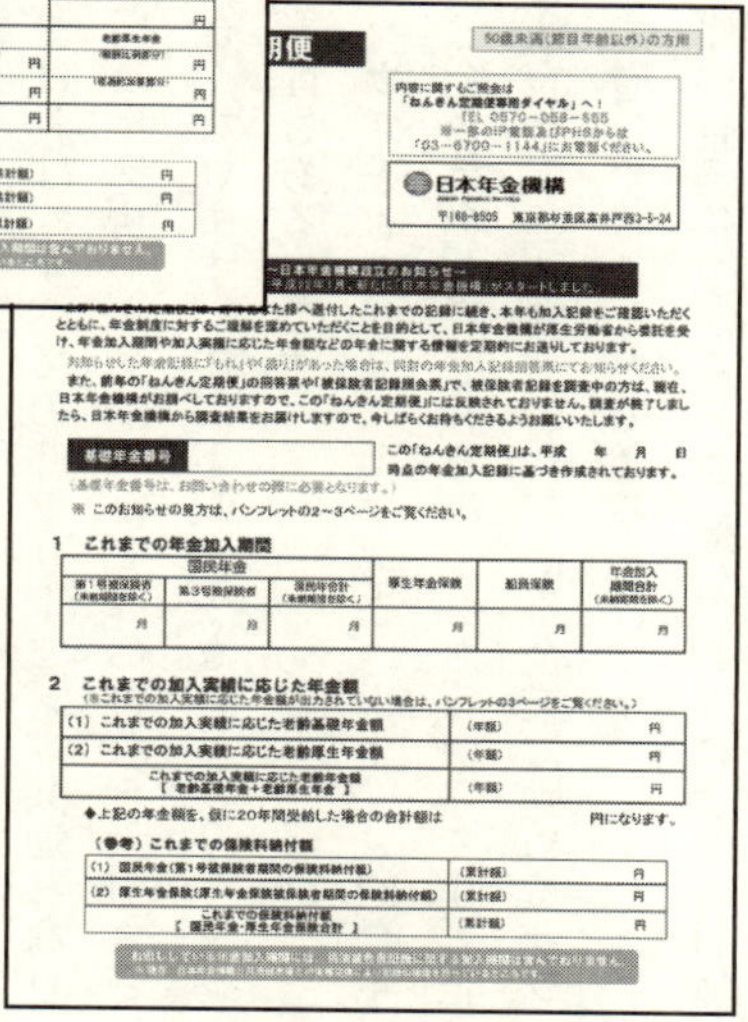

50歳未満（節目年齢以外）の方用

内容に関するご照会は
「ねんきん定期便専用ダイヤル」へ！
TEL 0570－058－555
※一部のIP電話及びPHSからは
「03－6700－1144」にお電話ください。

日本年金機構
〒168-8505　東京都杉並区高井戸西3-5-24

〜日本年金機構設立のお知らせ〜

ともに、年金制度に対するご理解を深めていただくことを目的として、日本年金機構が厚生労働省から委託を受け、年金加入期間や加入実績に応じた年金額などの年金に関する情報を定期的にお送りしております。

また、前年の「ねんきん定期便」の回答票や「被保険者記録照会票」で、被保険者記録を調査中の方は、現在、日本年金機構がお調べしておりますので、この「ねんきん定期便」には反映されておりません。調査が終了しましたら、日本年金機構から調査結果をお届けしますので、今しばらくお待ちくださるようお願いいたします。

基礎年金番号

この「ねんきん定期便」は、平成　年　月　日時点の年金加入記録に基づき作成されております。

（基礎年金番号は、お問い合わせの際に必要となります。）

※ このお知らせの見方は、パンフレットの2〜3ページをご覧ください。

1　これまでの年金加入期間

国民年金			厚生年金保険	船員保険	年金加入期間合計（未納期間を除く）
第1号被保険者（未納期間を除く）	第3号被保険者	国民年金計（未納期間を除く）			
月	月	月	月	月	月

2　これまでの加入実績に応じた年金額
（※これまでの加入実績に応じた年金額が出力されていない場合は、パンフレットの3ページをご覧ください。）

（1）これまでの加入実績に応じた老齢基礎年金額	（年額）	円
（2）これまでの加入実績に応じた老齢厚生年金額	（年額）	円
これまでの加入実績に応じた老齢年金額【老齢基礎年金＋老齢厚生年金】	（年額）	円

◆上記の年金額を、仮に20年間受給した場合の合計額は　円になります。

（参考）これまでの保険料納付額

（1）国民年金（第1号被保険者期間の保険料納付額）	（累計額）	円
（2）厚生年金保険（厚生年金保険被保険者期間の保険料納付額）	（累計額）	円
これまでの保険料納付額【国民年金・厚生年金保険合計】	（累計額）	円

50歳未満の方

サラリーマンは、もらえる年金が2階建てです。まず老齢基礎年金という名称で1階部分の6万6000円が支給され、老齢厚生年金という名称で2階部分の年金がプラスされます。

厚生労働省が発表したサラリーマンのモデルケースでは年金月額が16万7000円になる、と前項で紹介しました。この例の内訳は、1階の老齢基礎年金が6万6000円、2階の老齢厚生年金が10万1000円というわけです。

1階部分の額は、40年間保険料を払いつづければ、すべてのサラリーマンに共通となります。一方、2階部分の支給額は、年収の高いサラリーマンについては給料から天引きされる保険料が高いので、その分支給額が大きくなります。逆に年収が少ないサラリーマンは、モデルケースより年金額が低くなる可能性もあるのです。

また、2階建てではなく3階建ての年金ハウスをもつサラリーマンもいます。公的な年金制度は2階建てですが、一部の大企業には企業年金と呼ばれる年金があるからです。企業年金とは、従業員の老後のために設ける私的な年金制度。これがある企業に勤めるサラリーマンは、2階建ての家の上に3階を建て増しすることができるわけです。

たとえば経営破綻した日本航空には、手厚い企業年金がありました。報道によれば日本

年金のしくみ

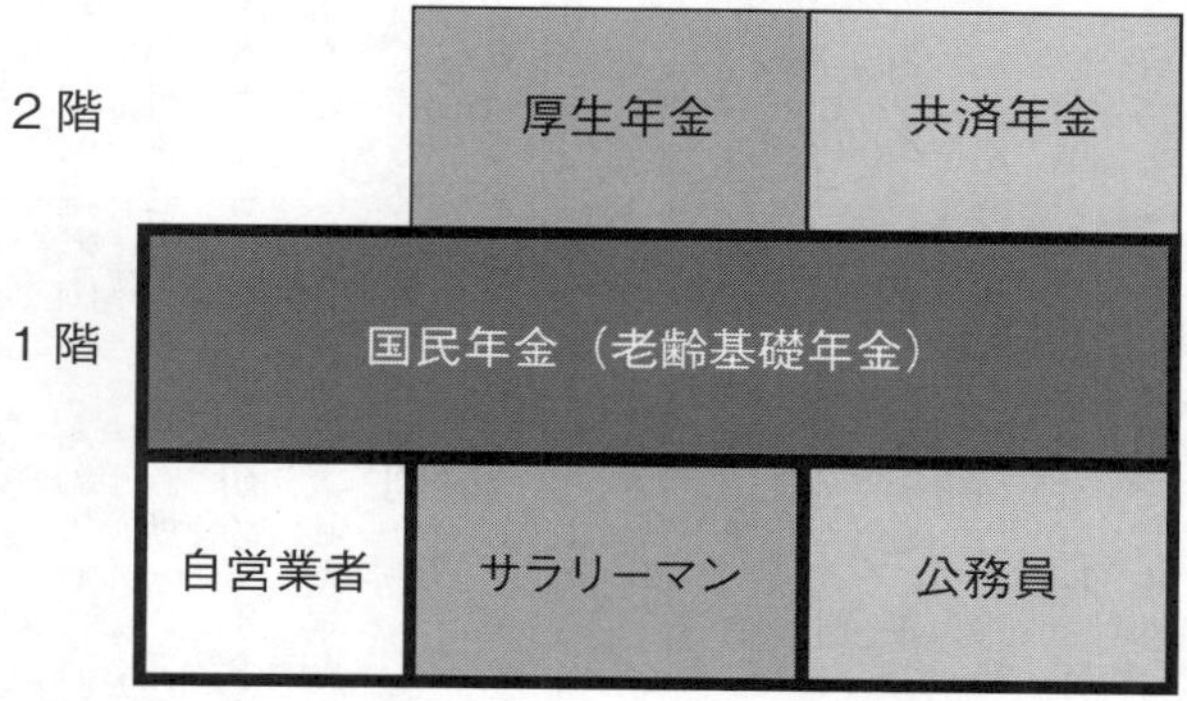

航空社員のモデルケースでは、1階2階の公的年金に企業年金を加えると月額48万６０００円が支給されるそうです。日本航空破綻時に「減額するかどうか」でもめていたのは、この企業年金の支給額のことだったのです。

企業年金の制度や支給額、支給期間は企業によって異なります。公的な年金は死ぬまで支給されますが、企業年金は支給年数がかぎられていたり、企業によっては退職金の一部が年金に充《あ》てられるケースもあるようです。

以上、ごく簡略化した年金の仕組みが分かったところで、改めて自分の年金を調べてみましょう。ねんきん定期便のほか、日本年金機構のホームページにある「年金額簡易試算

（シミュレーション）」のページで、自分の年金見込み額を知ることもできます。

あるいは、前項の山本さんのように直接年金事務所を訪れて、自分の年金額を聞くのもいいかもしれません。年金事務所といえば、ひと昔前までは不親切なことで有名でした。じつは山本さんも、13年前に初めて年金事務所を訪ねたときは苦い思いをしています。

当時山本さんは、会社が導入した早期退職制度に応じて退職するかどうか迷っていました。ここで辞めれば退職金は割り増しされますが、年金の額はどうなのか。それを確かめないことには決断できないと思い、その頃住んでいた町の年金事務所へ出向きました。

年金事務所には人があふれ、山本さんは2時間も待たされたといいます。しかも応対した職員は、横柄にこう言い放ったそうです。

「年金がいくらもらえるかなんて、あなた、まだ50歳にもなっていないでしょう。周りを見てください。ここには明日の年金を心配してやってくる老人がたくさんいるんですよ。そんな質問なら、もっと暇《ひま》なときに来てください」

結局さんざん待たされたあげく、取り合ってももらえませんでした。13年前といえば平成10年、日本年金機構がまだ社会保険庁と呼ばれていた時代です。あの頃に比べれば、現在の年金事務所はとても親切で、まさに天と地ほどの差があります。

山本さんだけでなく、私の周囲でも多くの人が今の年金事務所の親切、ていねいな対応を口にしていますので、ねんきん定期便が分からない人や記載内容に疑問がある方は、年金事務所の職員に相談されてはいかがでしょう。

空白の5年間が間近に迫る？

さて、自分の年金額を知ったあとは、「空白の5年間」について考えてみましょう。かつては60歳からもらえた年金が、やがて65歳にならないともらえなくなります。60歳で定年退職した場合には、65歳になるまで給料も年金も支給されない期間が生まれるわけです。これが「空白の5年間」と呼ばれるもので、サラリーマンにとって不安材料の1つになっています。

「空白の5年間」は男性と女性によって違ってきます。男性の場合、2階建て年金のうち、1階部分に当たる国民年金（老齢基礎年金）の支給は、すでに65歳からになりました。すなわち平成21年4月2日以降に60歳になる人もしくは、なった人（男性）は、65歳になるまで国民年金（老齢基礎年金）は支給されません。

2階部分の老齢厚生年金については、段階的に受け取れる年齢が引き上げられていきま

「年金受給開始時期」移行スケジュール

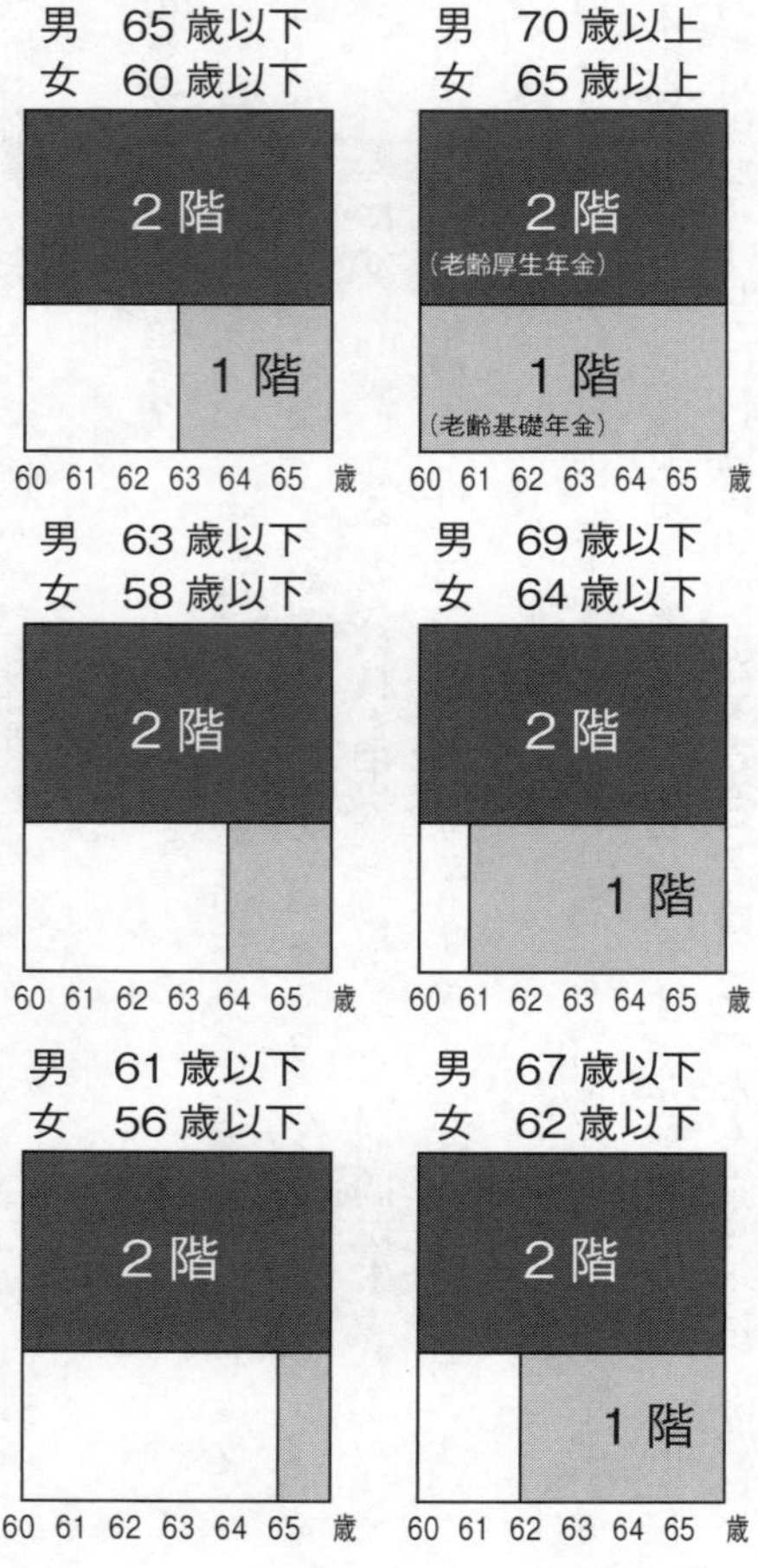
男　65歳以下
女　60歳以下
2階
1階
60 61 62 63 64 65 歳
男　70歳以上
女　65歳以上
2階
（老齢厚生年金）
1階
（老齢基礎年金）
60 61 62 63 64 65 歳
男　63歳以下
女　58歳以下
2階
60 61 62 63 64 65 歳
男　69歳以下
女　64歳以下
2階
1階
60 61 62 63 64 65 歳
男　61歳以下
女　56歳以下
2階
60 61 62 63 64 65 歳
男　67歳以下
女　62歳以下
2階
1階
60 61 62 63 64 65 歳

「年金受給開始時期」移行スケジュール

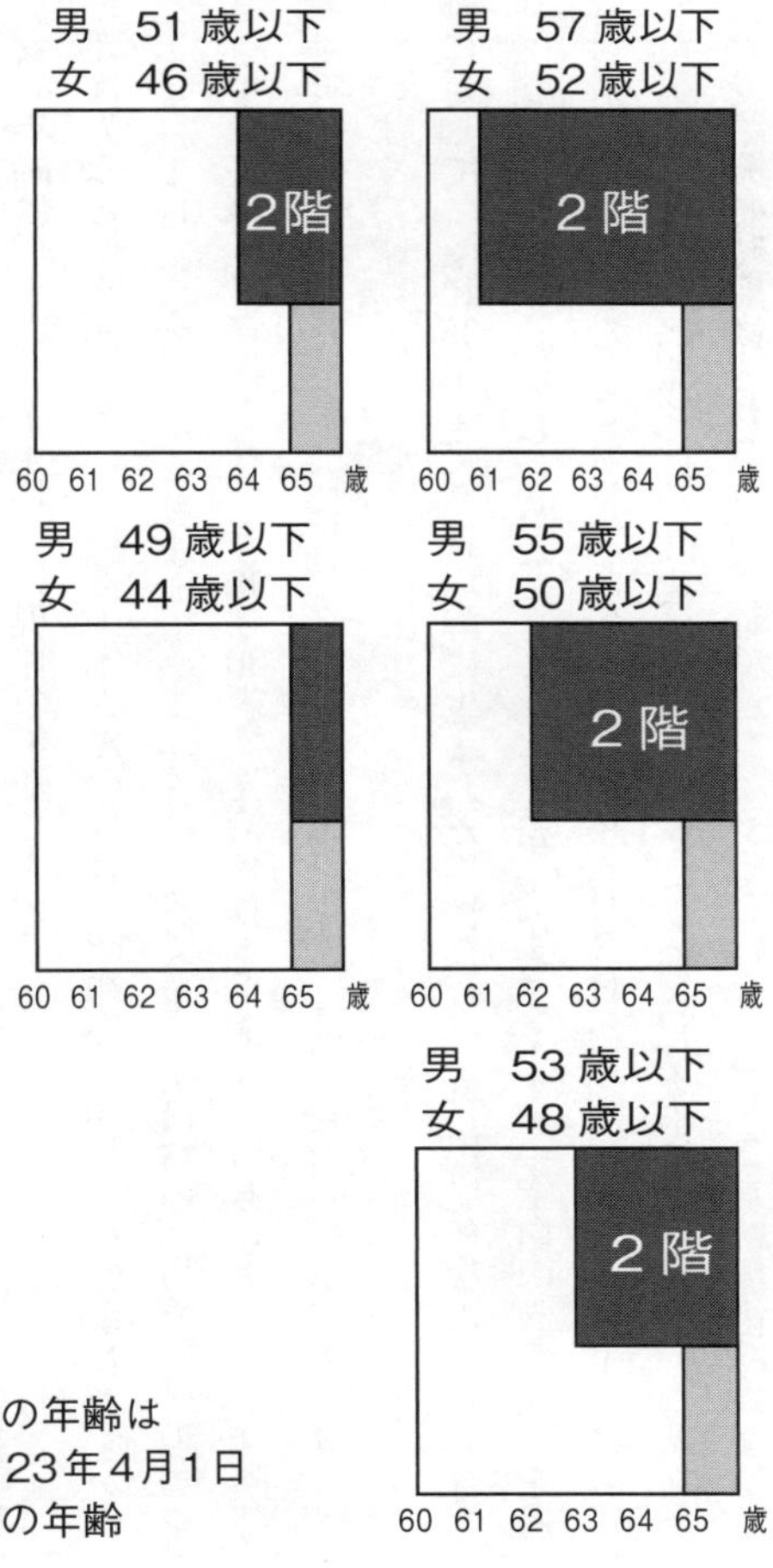

※男女の年齢は
平成23年4月1日
現在の年齢

す。

26、27ページの図は「空白の5年間」の移行スケジュールを示したもので、各図の上にある男女の年齢は、平成23年4月1日現在の年齢です。

たとえば先ほどから例に挙げている山本さんの場合、昭和28年10月3日生まれですから平成23年4月1日には57歳になります。該当する図（27ページ上段右の「男57歳以下」）を見ると、年金事務所で宣告されたとおり60歳で支給される年金は一切ありません。2階部分の厚生年金（老齢厚生年金）は61歳から受け取れますが、1階部分は65歳になるまでずっと空白のままです。

それに対して、昭和36年4月2日以降に生まれた男性（27ページ中段左・平成23年4月1日現在で49歳以下）は、65歳にならないとまったく年金がもらえず、「空白の5年間」を過ごさなければなりません。これに対して、昭和28年4月2日から昭和36年4月1日までに生まれた男性（57歳から50歳）は、60歳になったときに支給される年金額は0円。しかし、その後の受給開始時期はそれぞれの年齢で違ってくるという、ややこしい仕組みになっています。

しかしいずれにせよ、中高年のサラリーマンにとって「空白の5年間」は無視できません。60歳で定年退職してから65歳までの間、いかに収入を確保するか。自分の老後を考えるうえで、ひじょうに重要なテーマになると思います。

もっとも国側も、対策を立てていないわけではありません。年金制度の改革で生じる空白を埋めるべく、高齢者雇用安定法を改正し、平成16年度に施行しています。この法律にどれほどの効用があるのか、次はこれについて見ていきましょう。

改正高齢者雇用安定法は信頼できるか

「空白の５年間などありません」

これが国の立場です。前項で述べたとおり、たしかに国は平成16年に高齢者雇用安定法を改正しました。平成18年４月からは、以下に挙げる３つの措置から１つを選び、従業員を65歳まで働かせるよう、企業に促《うなが》しています。

①60歳定年制度を引き上げる
②継続雇用制度を導入する
③定年制度を廃止する

この措置は平成25年4月1日までに遂行するよう、義務付けられています。平成25年4月2日以降に60歳の定年を迎える人（男性）は、その時点でまったく年金が支給されませんので、改正高齢者雇用安定法はこれらの人を救う措置として生まれたものなのです。

「空白の5年間」問題に不安を感じていたサラリーマンにとって、ありがたい話ではあります。しかし、本当に「これで65歳までの収入が保証された」と安心していいのでしょうか？　じつはこの法律には、問題がいくつかあるのです。

1つは、この法律にしたがわなかった企業に対しては、国は「雇用延長を行なわなければならない」という形で勧告しますが、それ以上の罰則規定がないという点です。

そしてもう1つの問題点。法改正から6年経《た》った平成22年6月の時点で、定年を65歳に引き上げたり、定年制度そのものを廃止した会社がほとんどないということです(注1)。大半の会社が選んだのは②の「継続雇用制度の導入」です。これのどこが問題かというと、継続雇用で仕事先は確保できても、収入はぐんと減ってしまう点。その仕組みを説明しましょう。

継続雇用制度には、「再雇用制度」と「勤務延長制度」の2種類があります。このうち多くの企業が採用している継続雇用制度は前者。いったん会社を退職したあと、新たに雇用関係を結ぶ制度です。退職金も支給され、空白期間なしで長年勤めた会社にまた出勤できるのですから、一見したところひじょうによい制度に思えます。

しかし、現実はそう甘くありません。再雇用される場合、収入は激減してしまうのです。60歳の退職時にもらっていた月給が45万円だとすると、再雇用後の月給は通常24万円程度。(注2)以前の給料の半分以下になることも少なくありません。

こうした仕組みは、今回の法改正にあたってまったくの白紙から新しく考案されたものではありません。昭和の終わり頃まで、多くの日本の会社では55歳が定年でした。それを60歳まで延長するとき、企業は最後の5年間は給料を下げるというシステムを考えたのです。

かつて高度成長期を支えてきた大企業のサラリーマンは、55歳で定年退職するまで毎年給料が上がっていました。しかし、定年が60歳に引き上げられる頃には高度成長も終わり、社員の給料も右肩上がりを維持するのがむずかしい状態でした。

そこで経営者は知恵を絞ったわけです。

「会社全体としての人件費は極力一定にして増やしたくない」

ある会社では、役員以外で55歳になった社員をいったん退社させ、子会社や関連会社に再就職させました。あるいは「出向」、「在籍派遣」といった形を採ったところもあります。

55歳以降の社員を対象とした「専門職」や「特別職」という職制を新たに作り、給与体系をそれまでの「総合職」から思い切って落としたところもあります。

たとえば「専門職」として営業部の部付き部長に任命された場合、年下の営業部長の命令を受けて働くことも少なくありません。仕事内容は特定分野の専門知識を活《い》かしたものですが、通常はラインからは外《はず》れたものです。机や椅子などは部長とほぼ同じようなものが与えられるでしょうが、部下はおらず、自分だけが部長に仕えるという仕事形態になることもあります。これが日本で行なわれてきた「定年延長制度」や「継続雇用制度」の原型です。

一方、給料やポジションの右肩上がりを維持する代わり、カーブをゆるくした会社もあります。

いずれにせよ、55歳定年が60歳まで延びても、企業としては総人件費を変えないという仕組みを作りあげたのです。

今回実施されようとしている再雇用制度でも、このラインに沿って制度設計がなされていますが、実態は働く人にとってもっと厳しいものになっています。企業の余裕はますますなくなっていますし、経営者は本音では企業活力を維持するうえで、高齢者雇用は負担になっていると考えています。

今回の再雇用制度の下では、給料の下落は、かつて行なわれた「総合職」から「専門職」への移行時の下落の比ではありません。60歳定年時の水準を100とした場合、月給は54%に、そして年収ベースでは50%に下落するという調査結果もあります。(注2)

しかもいったん退職させられてからの再雇用ですので、退職以前にはまったくなじみのなかった仕事場へ赴任させられるケースも少なくありません。

たとえば銀行なら、系列のクレジットカード会社や消費者金融のクレーム処理係や債権回収といった職場に配置して給料をどんどん下げ、65歳まで働いてもらう。これが一般的な再雇用システムの実態です。

再雇用される人間にとって素晴らしい環境とはけっして言えませんが、それでも65歳まで仕事があるだけましかもしれません。中小企業のなかには、高齢者雇用安定法に伴《ともな》う義務を果たせないところもあると思います。

「空白の5年間」問題に関しては、「完全空白」といった大きな不安を感じる必要はなさそうです。しかし今のうちから収入の低下や仕事内容の変化に対する心の準備をしておいたほうがよさそうです。

年金繰り上げ受給の落とし穴

ここまで説明してきたように、数年後から年金受給は65歳からになりますが、じつはこれとは別に、そもそも年金受給時期を、受給者の意思で早めたり遅らせたりできる制度も設けられています。繰り上げ受給、繰り下げ受給と呼ばれる制度で、繰り上げは60歳から、繰り下げは70歳まで可能です。

ただし、この制度の下では、本来なら65歳から支給される年金を繰り上げてもらう場合は、支給額が減らされてしまいます。減額は1カ月刻みで、繰り上げ期間1カ月ごとに0・5%ずつ年金がカットされる仕組みです。

たとえば64歳から年金をもらうとすると、1年（12カ月）の繰り上げですから0・5%×12＝6%の減額。40年間年金に加入して基礎年金が満額の6万6000円もらえるはずの人が受給を丸1年早めると、支給額は6%カットされて6万2040円になります。

ではこの人が60歳からもらうことにしたら、年金月額はいくらになるでしょう。丸5年

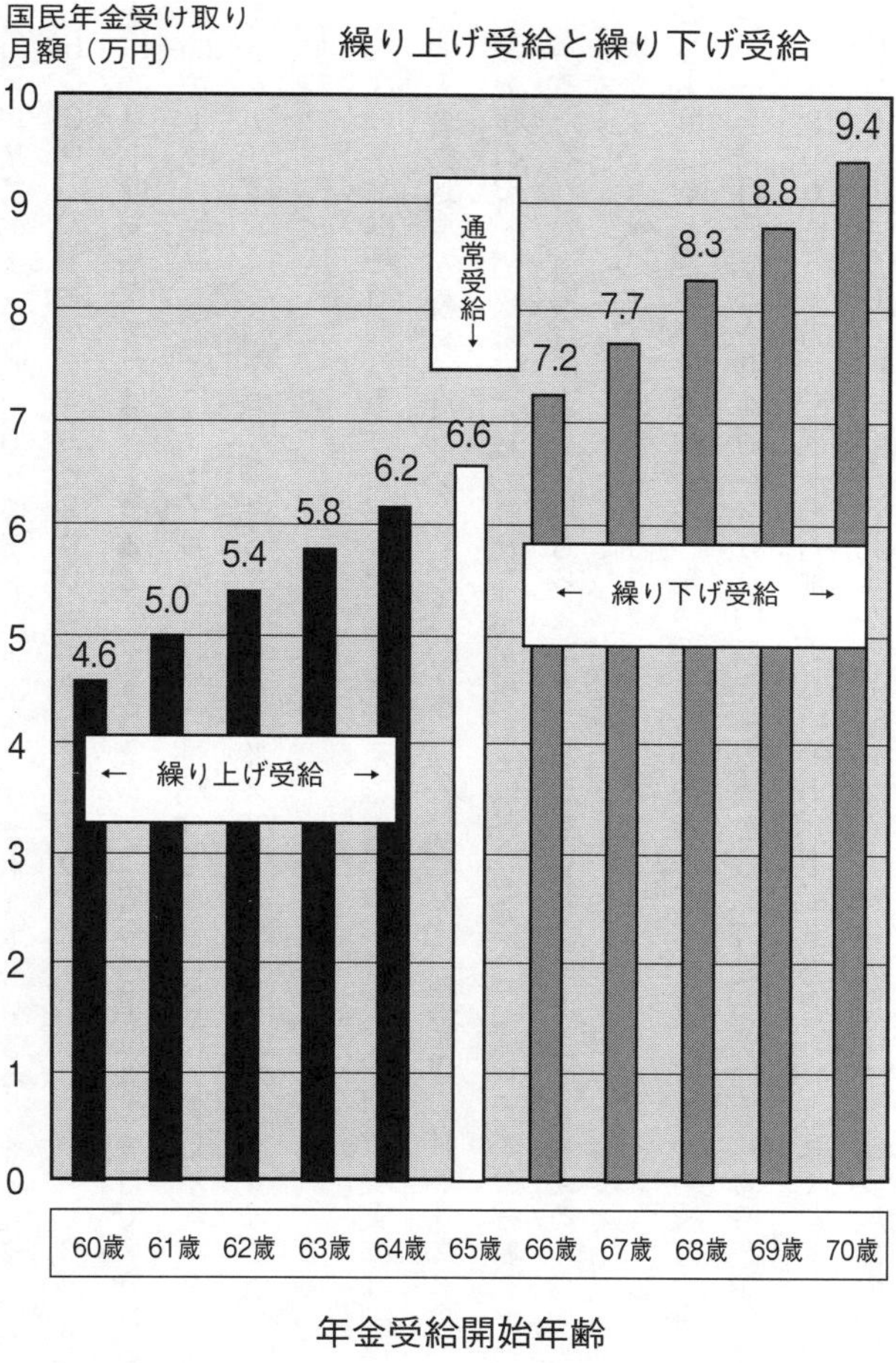
国民年金受け取り
月額（万円）
繰り上げ受給と繰り下げ受給
10
9
8
7
6
5
4
3
2
1
0
4.6
5.0
5.4
5.8
6.2
6.6
7.2
7.7
8.3
8.8
9.4
通常受給↓
← 繰り下げ受給 →
← 繰り上げ受給 →
60歳 61歳 62歳 63歳 64歳 65歳 66歳 67歳 68歳 69歳 70歳
年金受給開始年齢

（60ヵ月）早めるのですから、0・5％×60＝30％も引かれてしまいます。金額にすると、6万6000円の年金が、4万6200円に減ってしまうのです。

逆に繰り下げ受給をすれば、年金額は加算されます。こちらも単位は1ヵ月で、繰り下げ期間が1ヵ月延びるごとに0・7％のアップ。月額6万6000円の老齢基礎年金をもらえる人が70歳まで受給を繰り下げると、0・7％×60＝42％も年金が増額することになります。

それなら年金は絶対繰り下げ受給したい、と考える人が多いはずですが、現実には国民年金加入者の45％が繰り上げ受給をしています。逆に繰り下げ受給は全体の1％程度です。繰り上げ受給者のなかにはたんに生活のためだけではなく、「そのうち年金額はもっと下がるだろうし、場合によってはもらえなくなるかもしれないから、もらえるうちにもらっておこう」と考えた人もいるかもしれません。

繰り上げ受給と繰り下げ受給、いったいどちらが得なのでしょう。60歳から繰り上げ受給をすると、月額は一生涯4万6200円のままですから、77歳までにもらえる金額は942万4800円。一方、65歳から月額6万6000円受給すると、77歳までにもらえる金額は950万4000円。つまり60歳から受給しても、76歳の途中で通常支給額のほうが上回ってしまいます。裏を返せば、76歳までに死亡するなら繰り上げ受給をしたほうが得ということですが、80歳代まで生きれば65歳から受給を開始した人との受給額は開くばかりです。

しかも、繰り上げ受給にはほかにもマイナス点があります。通常は65歳以前に障害を負った場合、障害基礎年金が支給されるのですが、その時点で繰り上げ受給をしていると支給対象から外されるのです。さらに主婦の場合、夫が死亡したあとの遺族年金も減額（65歳まで支給停止）されてしまいます。その意味からも、繰り上げ受給は極力避けたほうが無難です。

自分の余命、知っていますか？

定年後の生活に必要な資金を計算するには、自分の余命を設定しなければなりません。そのとき多くの人が参考にするのは、厚生労働省が発表する「平均寿命」ではないでしょうか。

平成21年の簡易生命表によると、男性の平均寿命は79・59歳、女性は86・44歳です。しかし、すでに50歳前後まで生きてきたあなたが老後の生活設計を考える場合、余命をこの

年齢ごとの平均余命

（単位：年）

年　齢	男	女
	平成 21 年	平成 21 年
0 歳	79.59	86.44
5	74.87	81.69
10	69.90	76.73
15	64.93	71.75
20	60.04	66.81
25	55.20	61.90
30	50.37	57.00
35	45.55	52.11
40	40.78	47.25
45	36.09	42.44
50	31.51	37.70
55	27.09	33.04
60	22.87	28.46
65	18.88	23.97
70	15.10	19.61
75	11.63	15.46
80	8.66	11.68
85	6.27	8.41
90	4.48	5.86

出所：「平成21年簡易生命表」（平成22年7月26日、厚生労働省発表）

各年齢の女性は何歳まで生きられるか

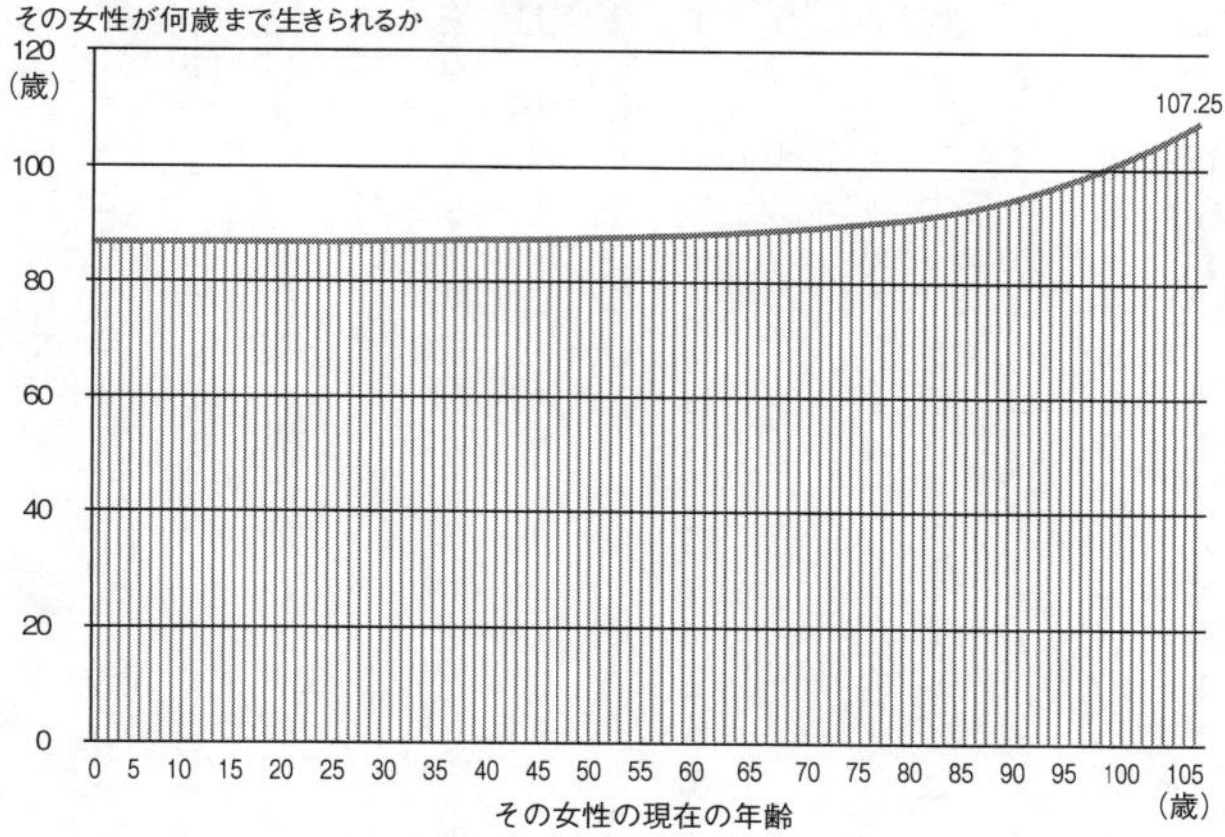

年齢で計算するのは正しくありません。毎年メディアで報道される平均寿命は、0歳児から見た平均余命だからです。

38ページの表を見てください。これは0歳児から90歳の人までの「平均余命」を示したものですが、50歳男性の平均余命は31・51年。つまり男は50歳まで生きたら、そのあと31年、81歳まで生きる可能性が高いということです。

60歳まで生きた男性の平均余命は22・87年ですから、平均寿命は82・87歳。70歳まで生きると平均余命は15・10年で、平均寿命は85・10歳。80歳の人はあと8・66年生きて、88・66歳の生涯を送ることになります。長生きすればするほど、0歳児の平均寿命より寿命は延びていくのです。

これについて、もう少し詳しく見てみましょう。39ページの図は、女性の平均余命データを使って、各年齢の女性が何歳まで生きられるかをグラフ化したものです。70歳までは比較的フラットな線を描いていますが、70歳からは上に傾き始め、80歳になると一段と上向きになっています。

ちなみに具体的な数字で表わせば、70歳まで生きた女性の平均寿命は89・61歳、80歳では91・68歳、90歳の女性は95・86歳です。

1年長く生き延びるごとに平均寿命が少しずつ増加していきますが、増加ペースは70代の半ばあたりから急ピッチになってきます。これをグラフ化すると、41ページの図のようになります。

「70歳代を無事に過ごした人は長生きする」

よくこう言われますが、それは事実だったのです。したがって、老後の資金計画を立てるときは、0歳児の平均寿命に6~7歳ほど上乗せして計算するほうが無難だと思います。それはこれを読んでいる読者のあなたが、0歳児ではなく、すでに40代だったり、50代あるいは60代だったりするからです。

年齢ごとの平均寿命の増加ペース（女性の場合）

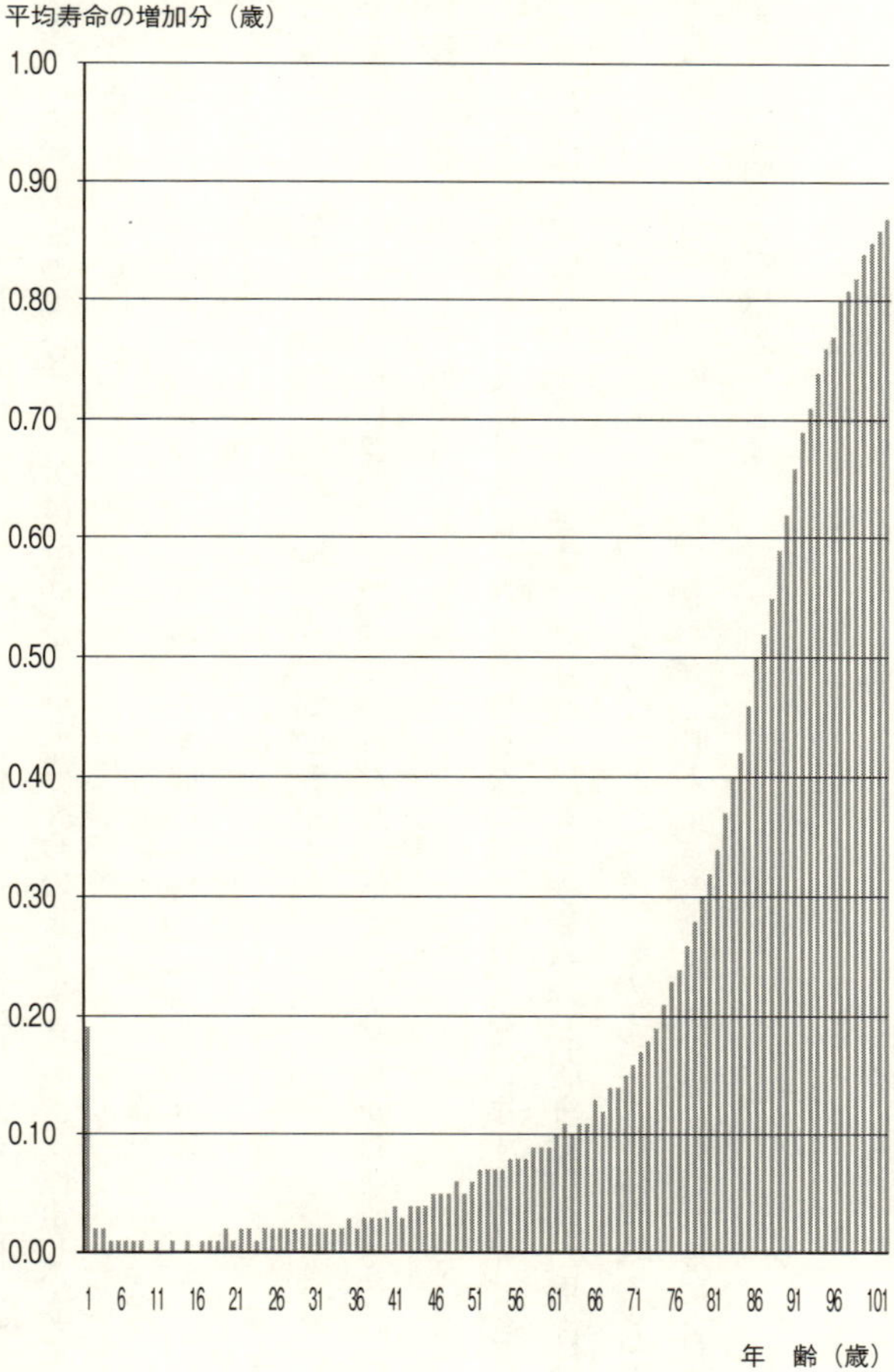

先ほど紹介したように、平成22年に発表された男性の平均寿命は79・59歳、女性は86・44歳ですから、男性の場合、「自分は87歳、妻は92歳くらいまで生きる」と仮定して老後を考えたほうがいいでしょう。

ところで70代、80代のお年寄りが、こう言うのを聞いたことはありませんか？

「老後のためにお金を貯めておかなくちゃ」

こうした考えに対しては時として非難の声が聞かれます。

「とっくに老人なのにいつから老後だと思っているんだ。年寄りが金を使わないで貯め込んでいるから世の中に金が回らないんだ」

という声です。しかし、その非難こそ「とんでもない！」と私は思います。今見てきたように、人生は確実に長くなっています。繰り返しになりますが、80歳まで生きた男性は89歳まで、女性なら92歳まで生きる可能性が大きいのです。だからこそ80歳になったとき、あと10年以上ある「老後」のためにせっせと貯えようと考えるのは、ひじょうに合理的で正しい判断だと私は思います。

となりの夫婦の家計を覗く

さて、では老後の生活にはどの程度お金がかかるのか。

まずは総務省が平成22年2月に公表した家計調査を見てみましょう。２人以上の世帯で、実際に１カ月間にどれだけお金を使っているかを調べたものです。世帯主が60歳代の調査では、以下の結果となりました。

食料	６万９２４０円
交通・通信	３万３１１１円
交際費	３万２６３３円
教養娯楽	３万０５４２円
その他を含み、合計	27万６９７７円

一方、世帯主が70歳代で２人以上の世帯は以下のとおりです。

食料	６万１９３９円
交通・通信	２万１８８３円

交際費　3万1828円
教養娯楽　2万6868円
その他を含み、合計　24万0096円

世帯主が60歳代か70歳代かで、およそ3万7000円の差があります。右に挙げた4つの項目すべてにおいて、60歳代より70歳代の家庭のほうが消費支出は下回っていますが、特に差が大きいのは交通・通信費で、およそ34％の下落。70歳を過ぎると、外出や付き合いが減ってくるのでしょう。しかし、食費などは両者であまり変わりませんから、70歳を過ぎても積極的に外出し、友人との付き合いをつづけていれば60歳代とほぼ同じ生活費がかかることになります。

ここでもう1つ別の調査結果を見てみましょう。こちらは実際の消費支出額ではなく、老後の生活に「いくら必要だと思うか」を面接してたずねたもの。財団法人・生命保険文化センターが3年に1回行なっている調査で、以下に記すのは平成22年12月に行なった調査の結果です。

夫婦２人で老後生活を送るうえで必要な最低日常生活費　22万３０００円（月額）
夫婦２人で経済的にゆとりのある老後生活費　36万６０００円（月額）

この調査に答えたのは18歳から69歳の男女４０７６人ですが、最低でも22万円必要という調査結果は現実に70歳代のご夫婦が使っている金額に近い数字でした。さて、あなたはセカンドライフの生活費をどのくらいと考えているでしょう？

老後には１億円のお金がかかる？


老後について深く考えている人はじつはほとんどいません。

「あまり考えたくない」

こう思って目をそらしている人も多いと思います。

「87歳まで生きるとして、いったいいくらかかるか」

「介護が必要になったらどうなるのだろう」

60代や70代の生活費が月30万円とか月24万円といった月額の生活費は思い浮かびますが、それを全部合算していくといったいいくらになるのかを詰めて考えた人はほとんどいないと言っていいでしょう。しかし目を背けてばかりもいられません。後で後悔するのは「あなた」といったことになってしまいます。

じつは老後には、一般的に言って1億円程度のお金がかかるのです。

「えっ、1億円も……」

そう絶句された方も多いでしょう。

「そんなお金はとてもじゃないけれどありません。退職金が2000万円、これにローンを払い終えた住宅を加えたとしても、プラス3000万円の合計5000万円がいいところです」

そういった声も聞こえてきそうです。しかし退職金と住宅、そしてコツコツと貯めてきた預貯金だけが、あなたの老後を支えるわけではありません。老後にいちばん頼りになるのは、じつは多くの人が「あまり頼れない」と思っている年金なのです。年金の味方があれば、「老後は1億円」という途方もなく大きな壁を乗り越えることができるのです。

以下、このあたりを詳しく見ていくことにしましょう。まずは老後に必要となる資金の総額を試算してみます。

驚くことにこの金額は本当に1億円になるのです。

老後の必要資金を試算する

老後の生活にかかる費用は、どんな暮らしを望んでいるかによって人それぞれですが、先に挙げた総務省や生命保険文化センターなどの調査結果を踏まえ、2つのパターンで試算してみましょう。1カ月30万円を使う少しゆとりのある生活と、月額24万円のやや窮屈な生活の2つです。

両パターンとも、夫は65歳で仕事を辞めたあと87歳で他界、3歳年下の妻は92歳で他界すると仮定します。夫婦とも天寿を全うするまできわめて健康でパタッと死ぬ、というケースは非現実的なので、夫が80歳から介護付き老人ホームに入り、妻は85歳から同様のホームに入るという仮定で試算してみました。なお介護付き老人ホームは入居一時金がない代わりに月額利用料は27万円のところに入ると仮定しました（介護付き老人ホームについては本章の後のほうで説明します）。

（1）ややゆとりコース（月額30万円）

夫が65歳になってから必要となる資金は以下のとおりです。

①　夫が65歳～80歳まで（夫婦揃っての自宅生活）

30万円×12カ月×15年＝5400万円

②　夫が80歳〜87歳で他界するまで
夫の生活費（介護付き老人ホーム）
27万円（介護施設月額）×12カ月×7年＝2268万円
妻の生活費（77歳〜84歳　自宅でひとり暮らし）
20万円（夫がいない分節約）×12カ月×7年＝1680万円

③　妻が84歳〜85歳（自宅）
20万円×12カ月×1年＝240万円

④　妻が85歳〜92歳（介護付き老人ホーム）
27万円×12カ月×7年＝2268万円

以上、トータル（①〜④の合計額）で、1億1856万円

（2）ややや窮屈コース（月額24万円）

①　夫が65歳〜80歳まで（夫婦揃っての自宅生活）
24万円×12カ月×15年＝4320万円

② 夫が80歳〜87歳で他界するまで
夫の生活費（介護付き老人ホーム）
27万円（介護施設月額）×12カ月×7年＝２２６８万円
妻の生活費（77歳〜84歳　自宅でひとり暮らし）
20万円（夫がいない分節約）×12カ月×7年＝１６８０万円

③ 妻が84歳〜85歳（自宅）
20万円×12カ月×1年＝２４０万円

④ 妻が85歳〜92歳（介護付き老人ホーム）
27万円×12カ月×7年＝２２６８万円

以上、トータル（①〜④の合計額）で、1億０７７６万円

以上のようになりました。なお、日本の現状はデフレですが、ここではインフレ率０％で計算しています。

ところで、月額30万円のゆとりコースも24万円の窮屈コースも、総支出額にはあまり大きな差がないことに驚いた方もいるのではないでしょうか。じつは私も驚きました。ポイ

ントは両コースとも介護付き老人ホームの費用を同じ額で計算したところです。

ここで設定した介護付き老人ホームの月額27万円は、入居一時金がゼロであることを勘案すればそう高い額ではありません。もしゆとりコースで暮らす人が介護付き老人ホームもグレードの高い施設にしようとするなら、トータル費用はより跳《は》ね上がることになります。

また人によっては介護付き老人ホームの世話に一切ならないですむ人もいるかもしれません。この場合にはゆとりコースのトータル金額は９８４０万円、窮屈コースで８２５６万円となります。

介護付き老人ホームについてはまたのちほど触れますが、ここで示した試算を見て「老後の資金が思いのほか嵩《かさ》む」と感じた人も多いのではないでしょうか。

年金だけで生活できるのか

次に、老後の生活資金と年金との関係について見てみます。

まず第一に年金だけで老後の生活が送れるかどうかを考えてみたいと思います。年金額は前にもご紹介した厚生労働省のモデル世帯と同じ設定で、40年間厚生年金に加入した夫と専業主婦としましょう。仮にこの夫をAさん、妻をBさんとします。

Aさんがもらう年金額は老齢基礎年金と老齢厚生年金を合わせて月に16万7000円。専業主婦のBさんは老齢基礎年金のみ毎月6万6000円の受給ですから、合計23万3000円を夫婦で受け取ります。

前項の例ではAさん（夫）は87歳、Bさん（妻）は92歳まで生きると仮定しました。BさんはAさんよりも3歳年下です。

この夫婦が65歳以降にもらう年金総額を割り出してみましょう。

（1）夫Aさんが生きている間にAさんに支給される年金
16万7000円（月額）×12カ月×22年＝4408・8万円

（2）夫Aさんが生きている間にBさんに支給される年金
6万6000円（月額）×12カ月×19年＝1504・8万円

（3）夫Aさんの死後Bさんに支給される年金
遺族年金（生前の夫が受け取っていた老齢厚生年金の75％）
10万1000円×75％×12カ月×8年＝727・2万円

Bさんの老齢基礎年金

6万6000円×12ヵ月×8年＝633・6万円

以上、(1)～(3)の合計で、7274・4万円

およそ7274万円がAさん夫妻の年金の現在価値(インフレ率0％)です(実際には加給年金や振替加算が加わりもう少し多くなります)。

どうでしょう。

年金にはこれだけの資産価値があるのです。

約7300万円！

これに退職金とローン支払後の持ち家、そしてコツコツ貯めてきた預貯金を加えれば、老後に必要な1億円は何とかカバーできそうです。

【ややゆとりコース試算】

1億1856万円(必要資金)－《マイナス》7274万円(年金価値)＝4582万円(不足分)

【やや窮屈コース試算】

1億0776万円（必要資金）－《マイナス》7274万円（年金価値）＝3502万円（不足分）

退職金とローン支払後の持ち家、そして預貯金だけで「不足分」をカバーできるかどうか、人によって違いはあるのでしょうが、何とかやり繰り可能な範囲かもしれません。ただ「老後は安泰」と言うレベルにはほど遠い人がほとんどだと思います。退職金や持ち家を売却したお金に加えて、生命保険などを老後の生活費に充《あ》てる場合もあることでしょう。

年金が老後の小遣いになる暮らしは理想ですが、現実は年金が駆け込み寺になるケースのほうがずっと多いのです。

なお年金はこのように、定年後に生きていくのに必要な資金のなんと6～7割をカバーしてくれています。

その貴重な年金が時の政府の都合によって一方的に減額されたりすることのないように、私たちは監視の目を強めていかなければなりません。

毎月分配型の投資信託は年金の代わりにならない

「年金だけでは生活が覚束《おぼつか》ないので、退職金のうち500万円なり300万円を投資信託に預けたり株式投資などで資産運用して、少しでも老後資金を増やそう」

こう考えておられる方も多いと思います。あるいは、

「毎月分配型の投資信託に入って、年金の不足前《たらずまえ》を何とかしよう」

こう考えている人も少なくありません。

現に驚くほど多くの人が毎月分配型の投資信託に入っています。

「毎月確実にお金が入ってくる投資信託ほどありがたいものはない。私はこれで毎月孫にゲームを買っているんです」

こう言っている人が私の知人にもいます。3万円なり5万円なり毎月定期的に入ってくるお金を「お小遣い」と思っているわけです。しかし残念ながら、この金銭感覚は間違っています。

毎月分配型の投資信託は、買った途端に販売手数料の分だけ損します。さらに加えて毎月の分配金に税金がかかる人にはその税金の分と、毎年の信託報酬の分だけ確実に損します。

ポイントはこの損を補って、さらにこれを上回る運用成績を投資信託の運用者が上げてくれるかどうかですが、現実はそれほど甘くなく預けた人が損をしてしまっているケースがほとんどです。

たしかに一時はこれが儲かっている時代もありました。たとえば海外の金利がひじょうに高く、しかも（やや専門的になりますが）「金利と為替の裁定が理論通りに働いていなかった」（円高とならなかった）時期。この時期に海外の先進国の債券で運用していた投資信託などは調子が良かったのです。

しかし、現実の経済の世界では、そうした「裁定が理論通りに働かない状態」が何年もつづくことはまずあり得ません。

案の定《じょう》、海外の金利はリーマンショック以降大幅に下がり、日本との金利差は急速に縮小してしまいました。海外の債券で運用するメリットが減ってしまったのです。さらに悪いことにそこに為替の面でも円高が襲いかかりました。海外での運用収益を円に戻すときに、今や少ない円にしか交換できなくなってしまったのです。

この結果、海外債券で運用する投資信託の基準価額は激しい値崩れを起こしています。

「そんなはずはない！　この投信（投資信託のこと）は信頼している銀行の人に勧められ

たんだ」

　こんな声が聞こえてきそうですが、すでに投資信託を購入している方は、その基準価額が今いくらになっているかぜひチェックしてみてください。

　一例を挙げましょう。毎月分配型の投資信託として人気を呼び、一時期5兆円以上も集めたグローバル・ソブリン・オープン（略称グロソブ）の基準価額は、当初1万円のものが今や5300円前後になっています（57ページの図参照）。もちろんこの現象は、グロソブにかぎったことではありません。他の海外債券運用型の投信も、似たり寄ったりの状況で値崩れしているはずです。

　100万円を投下して購入した投資信託が基準価額5300円になっていたら、かりに今すぐ投信を解約しても53万円しか戻ってきません（実際には解約時に手数料を取られ、より低い額になることもあります）。

「銀行は自分のところに入る預金を犠牲にしてまで投信を勧めている。これは銀行として預金者サービスの一環として行なっているのであって、信頼できるのではないか」

　銀行の言葉を信じてこう考えている人もいます。しかし今の銀行にとっては、じつは預金はさほど有り難いものではなくなってきているのです。

グロソブの基準価額推移

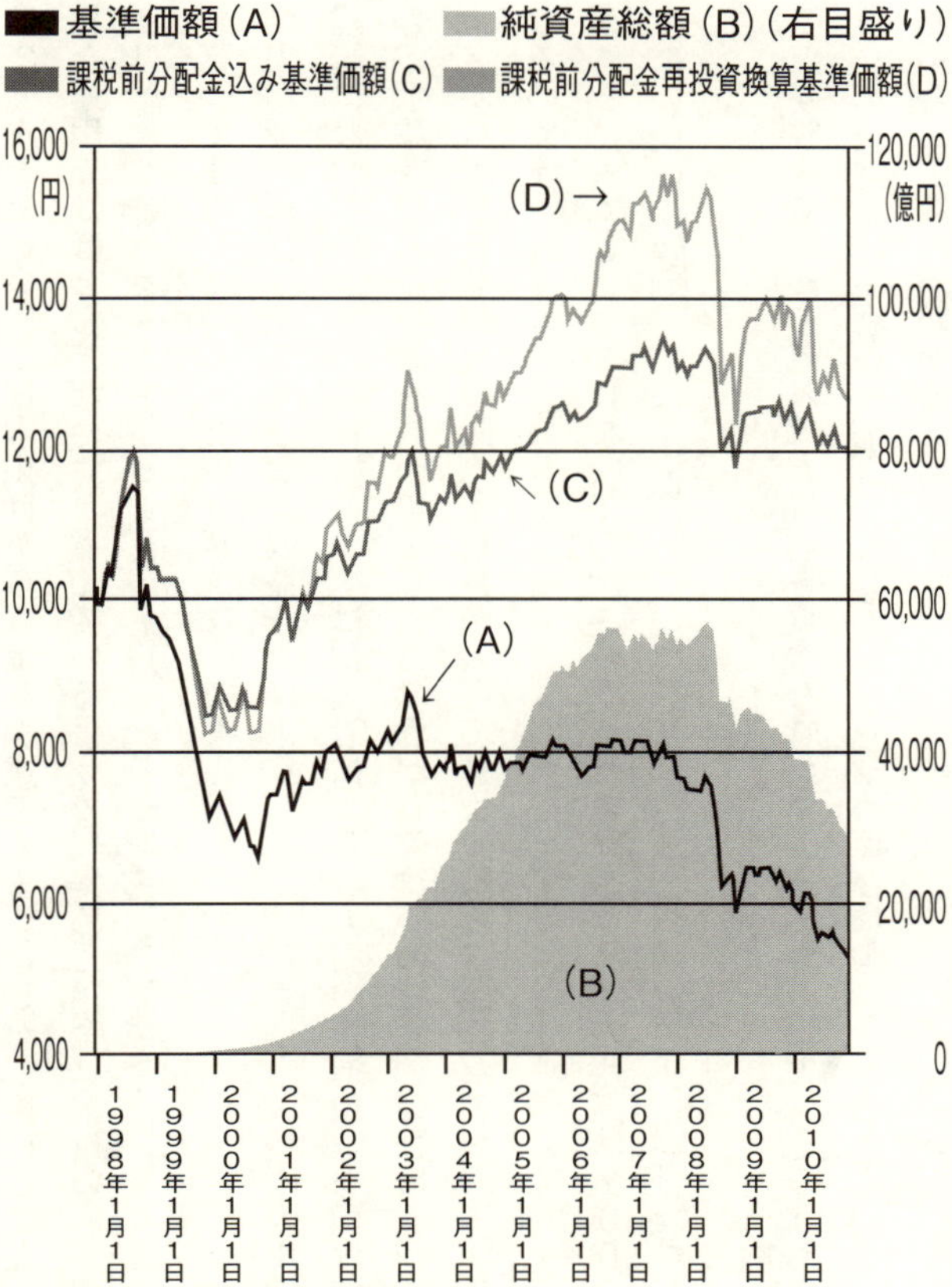

(注)：A、C、Dは左目盛り、Bは右目盛り
出所：国際投信投資顧問ウェブサイト

銀行はほとんどゼロ金利で日本銀行から資金を調達できます。しかも銀行は現在のところ「有利な運用先はほとんどない」と考えているようで、集めた預金は融資の形で利鞘《りざや》を稼いで民間企業に回っていくよりも国債の購入に充《あ》てられてしまっています。「とりあえず国債を買って運用している」という状況なのです。

この結果、今の銀行は預金や融資で収益を上げようとするよりも、手数料収入を上げることに躍起になっています。銀行にとっては預金者に100万円の普通預金を預けてもらうよりも、手数料が入る投信を買ってもらったほうが有り難いのです。場合によっては、投信購入者から1・5%前後の販売手数料が入ってきますから、売れたとたん1・5%の儲けになるのです。

1・5%といってもバカにしないでください。たとえばグロソブの残高は2008年8月には5兆7000億円にもなりました。この1・5%はじつに855億円にも上ります。

同じことを購入者側から見れば、投信を買った時点で1・5%の損失。そのうえ毎年1%から2%の信託報酬手数料を取られます（グロソブの場合は1・3125%）。さらに、解約した場合も手数料がかかる仕組みです。

「基準価額が減っても解約しなければ問題ないではないか。年金と同じように毎月分配金をもらえるのは魅力だ」

このように考える方もいるかもしれませんが、毎月分配型投資信託は年金の代わりにはなりません。

年金はあなたが生きている間支払われますが、「基準価額が減りつづけるような投資信託」は、以下のような末路をたどります。

（1）基準価額が減ることで、分配金の減額を余儀なくされる
（2）いずれ分配金が支払われなくなる
（3）信託報酬手数料など支払いの重圧や運用成績の劣悪化によって、存続そのものが危うくなる

年金は毎月ではなくて2カ月に1回まとめて支払われる

毎月分配型投資信託については、毎月の分配金にかかる税金など、他にも注意しなければならないことがあるのですが、この本は資産運用の本ではありませんので、このへんにしておきます。

貴重な退職金です。毎月わずかのお金を振り込んでもらう代わりに、元本に相当する基準価額が大きく減ってしまっては大変なことになってしまいます。毎月分配型投資信託に投資をした方はぜひ以下の点をチェックしてみてください。

次の（1）と（2）とを比べてみることです。

（1）毎月分配型投資信託に投資をして毎月○万円（あなたが実際にもらってきた分配金の金額をここに記入してみてください）の分配金をもらってきた。その代わり投信の基準価額が減ることで、当初の投資金額○百万円は○百万円へと目減りした

（2）毎月分配型投資信託に投資をするはずだった○百万円は、投資を止めて、みずほ銀行の普通預金に預金した。そして毎月、分配金に相当する金額をみずほ銀行から下ろして、自分がふだん使っている三井住友銀行の口座に入金して使った。孫へのお小遣いも三井住友の口座から払った

何のことはない。（2）でみずほ銀行に預けた普通預金の残高が（毎月引き落とされることで）減ってしまった以上に、（1）の投資金額は目減りしてしまった。

このような結果になってしまった人のほうが多いのではないでしょうか。退職金を運用に回すときは、くれぐれもよく考慮してください。

ここで一度分かった気分になっても、定年が近づいた頃や退職後年金生活になったときに迷うことがあるかもしれません。たとえばこんな形での勧誘もあります。

サラリーマン時代の給料は毎月決まった日（たとえば25日）に支払われていたことでしょうが、年金の受給日は2カ月に一度の偶数月の15日です。しかし、クレジットカードの代金や電気、ガス料金の引き落としは、サラリーマン時代と変わらず毎月生じます。

「あっ、引き落としに必要な額が預金口座にない」

こんなとき、銀行や証券会社の甘い囁《ささや》きが聞こえてきます。

「毎月必ず分配される投資信託に資金を投じれば、年金支払いのない月も安心です」

「当社がお勧めする投資信託は隔月分配型。年金の支払いのない奇数月に分配金が支払われるので、キャッシュフローは平準化し、老後の生活が安心できます」

このような甘い勧誘です。しかし、こうした誘惑には大きなリスクがあることをぜひこの機会に覚えておいてください。

リスクといえば、「ミディアム・リスクでハイ・リターン」とか「ロー・リスク、ハイ・リターン」などと、理論的におかしなことを言うセールスマンにも要注意です。

リターンの高いものはリスクも高い。これが金融の理論の鉄則です。

長年会社の仕事を粛々とこなしてきて得た大切な退職金です。資産運用のうまい話は無視して、まとまったお金は1000万円ずつ分けて銀行に預金し、一生涯もらえる年金と併用していくのが安全な老後の道だと思います。

ある日突然やってくる「親の介護」

ゆくゆくは親の介護問題に直面するかもしれない――頭の片隅でこう考えている40歳代、50歳代の読者もおられることと思います。一方、その方たちの親御さん世代である70歳代、80歳代の方々は、自分の親や連れ合いの親を介護した経験をもつ人が少なくありません。

その方たちの若い頃は介護施設などほとんどなく、親が老いれば息子や嫁が家で世話をし、自宅で最期を迎えることが当たり前でした。しかし「当たり前」と思って行なっていた介護も、長い年月にわたってつづけるのは大変だったことでしょう。自ら親の介護を体験した高齢者たちは、よくこう言います。

「ある日突然ポックリ死ねたらいちばんいい。そうすれば子供たちにも迷惑をかけなくてすむ」

自分が体験したような辛《つら》い思いは子供たちにはさせたくない、という親心だと思います。たしかに最期まで病院や介護施設の世話にならず、苦しむこともなくポックリと命を終えられたら幸せなことです。しかし、その確率はひじょうに低いでしょう。かりに人生の最晩年まで重い病気にはかからなかったとしても、身体機能は次第に落ちていきます。大半の人にとって、人生の終わりにプロの介護スタッフの手を借りるのが現実です。

うちの親はまだしっかりしているから、当分介護のことなど考えなくて大丈夫。そう思っている方も、心構えだけは早めにしておくにこしたことはありません。脳卒中を起こして麻痺《まひ》が残ったり、アルツハイマーなど認知症を発症したり、「親の介護問題」はある日突然目の前にやってきます。身体機能がしっかりしている人でも、転んで骨折したのを機に歩行が困難になったり、身体より気持ちが弱ってそれまでの生活を維持できなくなることがあるのです。

本章のはじめに登場した山本豊さん（57歳）も、母親の骨折をきっかけに、いきなり「介護問題」と取り組むことになりました。けっして特殊ではない一例として、山本さんの体験を紹介させていただきます。

平成21年の秋が深まる頃のことでした。東京近郊でひとり暮らしをしていた山本さんの母・多喜さん（当時87歳）は、午後遅く買い物に出た折りに転び、大腿骨《だいたいこつ》を骨折してしまいました。85歳まではいたって元気に過ごしていた多喜さんですが、その当時は膝《ひざ》の痛みを訴えていたそうなので、足腰がかなり弱っていたのかもしれません。

「転倒した場所は、自宅のすぐ前の道路でした。運の悪いことに、この道は私道になっていてめったに人が通らないんです。母は骨折の痛みに耐えながら、誰かが見つけてくれるのをじっと待っていたとか」

秋の日暮れは早く、気温も急激に下がってきます。ようやく人がやってきて救急車を呼んでくれたときには、あたりはすでに暗くなっていました。その後1カ月間の入院とリハビリテーションで骨折箇所は回復しましたが、自宅へ戻った多喜さんの生活は元通りにはなりませんでした。

「転んで骨折したことそのものより、誰にも発見されず、ひとりで長時間横たわっていたときの恐怖が尾を引いたのか、すっかり気持ちが落ち込んでしまったみたいでした」

高齢者は何かショッキングなことに遭遇すると、それを境に行動パターンが変わってしまうことがあります。入院前はきわめてシャープだった多喜さんも、急に物忘れをするようになりました。

それより山本さんが驚いたのは母親の行動だったと言います。ある日、百合《ゆり》ヶ丘《おか》の実家に多喜さんを訪ねた山本さんが発見したのは、玄関先に山積みされた大量のトイレットペーパーとティッシュペーパー。冷蔵庫には、隙間《すきま》がまったくないほどぎっしりと食材が詰め込まれていました。どうやら多喜さんは、生協の宅配でまとめ買いをしたようです。

ひとり暮らしが心細くなったのでしょうが、山本さん曰く「それにしても常識を超えた量」でした。その頃の多喜さんは、話をしてみると頭はしっかりしているのですが、外出を怖がるようになっていました。

もうこのまま母親をひとりで生活させるわけにはいかない。山本さんは、ここで「親の介護問題」と真剣に向き合わざるを得なくなったのです。しかし今振り返って見れば、それをしたことで自らの老後像もくっきりと描けるようになった、と山本さんは言っています。

85歳から本当の老後が始まる

介護は在宅か施設か。その問題を今一度ここで考えてみたいと思います。高齢化社会に突入した日本では、厚生労働省が在宅介護を推進しています。施設での介護より自宅での介護のほうがより良い、という意味で推進しているのではありません。現状では公的な介護施設の数が足りず、財政難で今後も高齢者の数に見合う介護施設を造るのがむずかしいので、在宅介護を勧めているわけです。

では、在宅介護の実態はどうなのでしょう。できる範囲で身内が介助しながら、足りない部分をデイサービスやプロの訪問介護に頼っている、というケースが多いと思いますが、やはりよく聞くのは家族の負担の大きさです。

「介護鬱《うつ》」という言葉があるように、介護の中心を担う家族が精神的に追い詰められることも社会的な問題となりつつあります。ベッドからの起き上がりや車イスへ移るための介助などで、介護している家族が腰など身体を痛めてしまうこともあるようです。

独居の高齢者、あるいは一緒に暮らす家族が仕事をしているという高齢者の場合、自宅にいながら24時間他人の介護を受けるのも1つの選択肢かもしれません。私の知人にもそういう男性がいます。

「子供たちが一緒に住んで介護してくれると言ってくれたけれど、それは断ったんだ。関係が悪くなったとき、相手が自分の子供だと逃げ場がないからね」

これが介護を他人に任せた理由だそうです。この人は家に住み込んで24時間介護してくれる人を雇っているのですが、なかなか気に入った人に当たらず、「これまで15人チェンジした」と言っていました。なるほど、自分の子供が相手なら、気に入らないからといって交代させるわけにはいきません。

しかし、こういうツワモノは日本人には珍しいと思います。15人のチェンジは多すぎるにしても、自分の望む介護をしてもらうために相手ととことん話し合ったり、場合によっては人を代えるのは当然のことなのですが、じつは日本人はこれが苦手です。介護される側が介護してくれる人に気を遣っているケースのほうが多いような気がします。

一方、施設介護のメリット、デメリットを考えてみると、残念ながら先にデメリットがいくつか浮かびます。まずは慣れない環境にいきなり移ることによる不安やストレス。食事面では好きなものが好きなときに食べられませんし、入浴も毎日は望めないのが一般的です。

しかし、こうしたデメリットも、プロの介護スタッフが四六時中見ていてくれるというメリットの前に霞《かす》んでしまいます。私自身の考えを述べれば、介護はやはりプロに任せたほうが安心です。

ところでみなさんは、介護が必要になる年齢を何歳ぐらいと考えているでしょう？　日野原重明さん（聖路加国際病院理事長）や平成18年に亡くなられた三浦敬三さん（山岳スキーヤー三浦雄一郎氏の父）のように100歳前後までお元気な方もおられるのでいちがいには言えませんが、私の周囲を見る限り「85歳」からが介護年齢ではないでしょうか。85歳を過ぎた両親について「急に老け込んだ」「転ぶ回数が多くなった」「物忘れが激しくなった」と語る友人、知人が多いのです。

介護が必要になる人生を「老後」と呼ぶのだとしたら、今の時代、85歳からが本当の老後なのかもしれません。私もその歳までは頑張って自力で生活していきたいものです。足腰や頭が動くうちは自宅で過ごしたいと思います。

生活に不安を感じたらヘルパーを入れて普段通りの生活をできるかぎりつづけ、最後はホームで過ごす……そんな道筋を今は描いています。私だけでなく、多分こうした形が今後いちばんポピュラーになっていくのではないでしょうか。

介護プロの手を借りる費用

さて、では介護施設を利用するための費用はどのくらい必要なのでしょう。介護施設とひと口に言っても、じつはいくつもの種類に分けられています。デイサービスや短期の入所を受け入れて在宅介護を支える施設もあれば、入所型の施設もあり、利用条件や運営母体もさまざまです。

入所型施設でなるべくコストを抑えるには、特別養護老人ホーム（特養ホーム）など公的な施設を利用するにかぎりますが、現実にはひじょうにむずかしいでしょう。厚生労働省の発表によれば、平成21年12月現在、特養ホームの入所待機者は42万1０００人。これでは入所まで何年待てばいいのか想像もつきません。

また特養ホームでは必要な介護の度合いや家族状況などを考慮して、本当に困っている人（要介護度４～５）から入所させますので、[注３]要介護度が１～３までの人はまず入所できないと考えざるを得ません（要介護認定に至らない要支援認定１～２はそもそも特養ホーム入居の対象外です）。

このため多くの場合、親に24時間体制の介護が必要になったら、初めから民間の介護付き老人ホームを選ぶという人が多くなってきています。

民間の介護付き老人ホームのコストは、大きく分けて入居一時金と月額利用料から成り立っています。立地条件や施設内の設備、介護スタッフの人数などで費用は違ってきますが、たとえば首都圏の場合、入居一時金1000万円、月額利用料25万円といったあたりが平均コストのようです。

かりに85歳で入居し、95歳まで施設を利用するとして、この平均的利用料で総額を試算してみると、左記のようになります。

入居一時金1000万円＋（月額25万円×12カ月×10年）＝4000万円

もう1例、入居一時金3000万円、月額30万円で試算してみましょう。平均的なコストよりかなり高めですが、これぐらい払えばスタッフ数も多く、快適さがある程度保証されていると思われる例です。

入居一時金3000万円＋（月額30万円×12カ月×10年）＝6600万円

本章で試算した老後の生活費では、入居一時金が0円、月額27万円の介護付き老人ホームで7年暮らすという仮定で、2268万円を施設に支払う費用と見なしました（47ページ参照)。しかし、首都圏の平均的な価格の介護付き施設で10年過ごすと4000万円、より安心できる施設を選ぶと6000万円前後かかってしまうのです。

もちろん平均より安価な施設も、あるいは逆に飛びきり高価な施設もあります。

ちなみに日本で1、2位を争う高級介護付き老人ホーム「サクラビア成城」を見てみましょう。入居一時金の最多価格帯は1億1200万円（最高値3億7000万円）、そのほかに介護一時金900万円、生活サービス一時金700万円、月額利用料は23万円プラス食費や水道光熱費。右記の平均価格帯で10年間入居すると、総額は1億5000万円にもなります。

一方、入居一時金0円から100万円以下、月額利用料も15万円程度といった比較的リーズナブルな介護付き老人ホームも少なくありません。しかし、価格が低い施設には、居室がかなり狭い、また介護スタッフの数が充分でなかったりするところもあるようです。逆に外見が立派で高いお金をとる施設でも、介護内容が価格に見合っているとはかぎらないので、介護施設を選ぶにはそれを見抜く目が必要です。

介護施設入居一時金の償却とは

介護施設の料金体系は施設ごとにさまざまですが、総体的に言えるのは「ひじょうに複雑」だということです。入居の際、数年分の施設利用料として「入居一時金」を取る施設も少なくありません。この入居一時金のなかには償却が含まれていますが、これには注意が必要です。

この場合の「償却」は一般に会計用語として使われている減価償却とは違います。一般に会社や商店などがビジネスを営むうえでオフィスや店舗を借りる際、敷金や保証金を支払います。この敷金や保証金については、いつ退去するかによって、退去時に差し引かれる額があらかじめ決められています。この差し引かれる額のことを「償却」と言っていますが、介護施設の入居一時金の償却は、これに近い概念です。

たとえば1000万円の入居一時金のうち、10%が初期償却、以降5年で均等償却の場合、入居したとたん施設に100万円回収されてしまいます。たとえ数カ月滞在しただけでこの施設から退去することになっても、そのお金は戻ってこないのです。

ではここで2年暮らして退去する場合はどうでしょう。施設の取り分は以下のようになります。

初期償却分100万円＋均等償却分（900万円÷5年）×2年＝460万円

退去する人に戻る分は540万円ということになります。1000万円払った入居一時金が、2年間で約半分に減ってしまったわけです。

入居一時金の償却率については、今のところ法的な規制が一切ありません。すべて施設任せなので、初期償却が30％、均等償却期間3年という施設もあり得ます。いや、じつは入居一時金の初期償却率が100％という施設もあるのです。介護付き老人ホームには90日間のクーリングオフ期間が設けられていますが、もしこの施設に入居一時金を支払い、クーリングオフ後に退去した場合、入居一時金はまったく返ってきません。

一方、入居一時金を0円にする代わり月額料金を高めに設定したり、入居一時金の初期償却をしないところもあります。前項で例に挙げたサクラビア成城は、入居一時金の初期償却はせず、15年間の均等償却です。

介護施設選びには多くのポイントがありますが、入居一時金の償却については入念に調べることをお勧めします。といっても、老人ホームには介護型、自立・混合型などいくつかタイプがありますから平均値を示すことはむずかしいのですが、入居一時金については初期償却15%以内、償却期間は5年以上というのが1つの目安になるかもしれません。

ところで入居一時金だけではなく、施設に支払う「月額」の中身についても充分確かめたほうがいいと思います。パンフレットなどに表記されている月額利用料は基本料金で、実際に支払う金額はそれより高くなることがほとんどです。施設によってはナースコール1回につき100円を徴収するなど、日常的な行為にも課金しているところがありますから、基本料の他にどんな料金が必要なのか、ぜひ確かめましょう。

なお余談になりますが、私はかつて老人ホームのM&A案件を検討したことがあります。そのときは買い手側のアドバイザーだったのですが、売り手のアドバイザーから渡された資料を見てドキッとしました。

収支予想の数字だけを見れば、ひじょうに良い数字です。しかし、驚いたのは収支の組み方。何とこのホームでは、「入居者は平均4年で亡くなるか退去する」との前提で収支が組まれていたのでした。

ここでの入居一時金の初期償却率は20%、均等償却は4年の設定です。かりにこのホームの入居一時金が2000万円とすると、ひとり入居してくるだけで400万円がホームに入ります。残りの１６００万円を４年で償却するわけですから、ホームにしてみれば毎年の収入に４００万円が上乗せされることになるわけです。

ところが入居者が４年以上生きた場合、５年目から４００万円の上乗せ分がなくなりますからホームの収支は悪くなっていきます。そこで入居者は４年以内に亡くなるか退去するとの前提で収支予想を組み、買い手企業に対して良好な数字を提示してきたのでした。

私がアドバイザーを務めた買い手候補先の企業はこのような考え方には賛成できず、結局この案件は流れました。売り手側のアドバイザーの話を聞きながら、私個人としては自分の老後に「こんな老人ホームの世話には絶対になりたくない」と強く思ったことを覚えています。

70歳まで働く時代

これから定年を迎えるサラリーマンは、再雇用制度などを利用して65歳まで働くのがごく普通になってきます。いやそれどころか、「70歳まで働く」ことが前提の時代になりつつあります。

それを示すデータを2つご紹介しましょう。まず77ページの図は、独立行政法人　労働

55～69歳の就業者が就業した理由

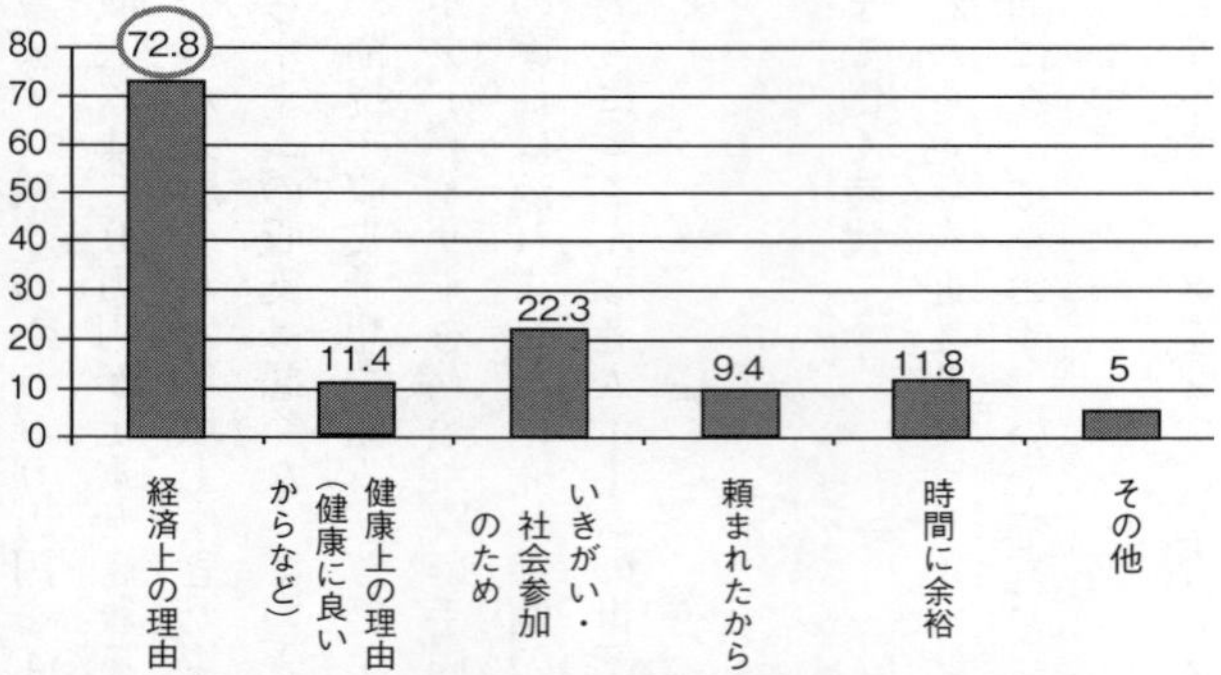

出所：独立行政法人　労働政策研究・研修機構「高齢者の雇用・就業の実態に関する調査」（平成22年7月9日）

政策研究・研修機構が、55歳から69歳の男女5000人を対象に「何歳まで働きたいか」をたずねた結果です。これによると65歳未満で仕事を辞めたいと回答した人は全体の7・2％にすぎません。一方65歳以上まで働きたいと答えた人は57・5％。

6割近い人が一度定年退職したあとも職に就《つ》きたいと考えているのです。

では現状はどうなのか。同じ独立法人　労働政策研究・研修機構が調査した高年齢者（55歳～69歳）の就業率を見ると、男性が72％、女性が49％と高い数値でした。高年齢男性の就業率をより詳しく見ていくと、60歳～64歳で75％、65歳～69歳でも52％と過半数を超えています。

何歳まで働きたいか

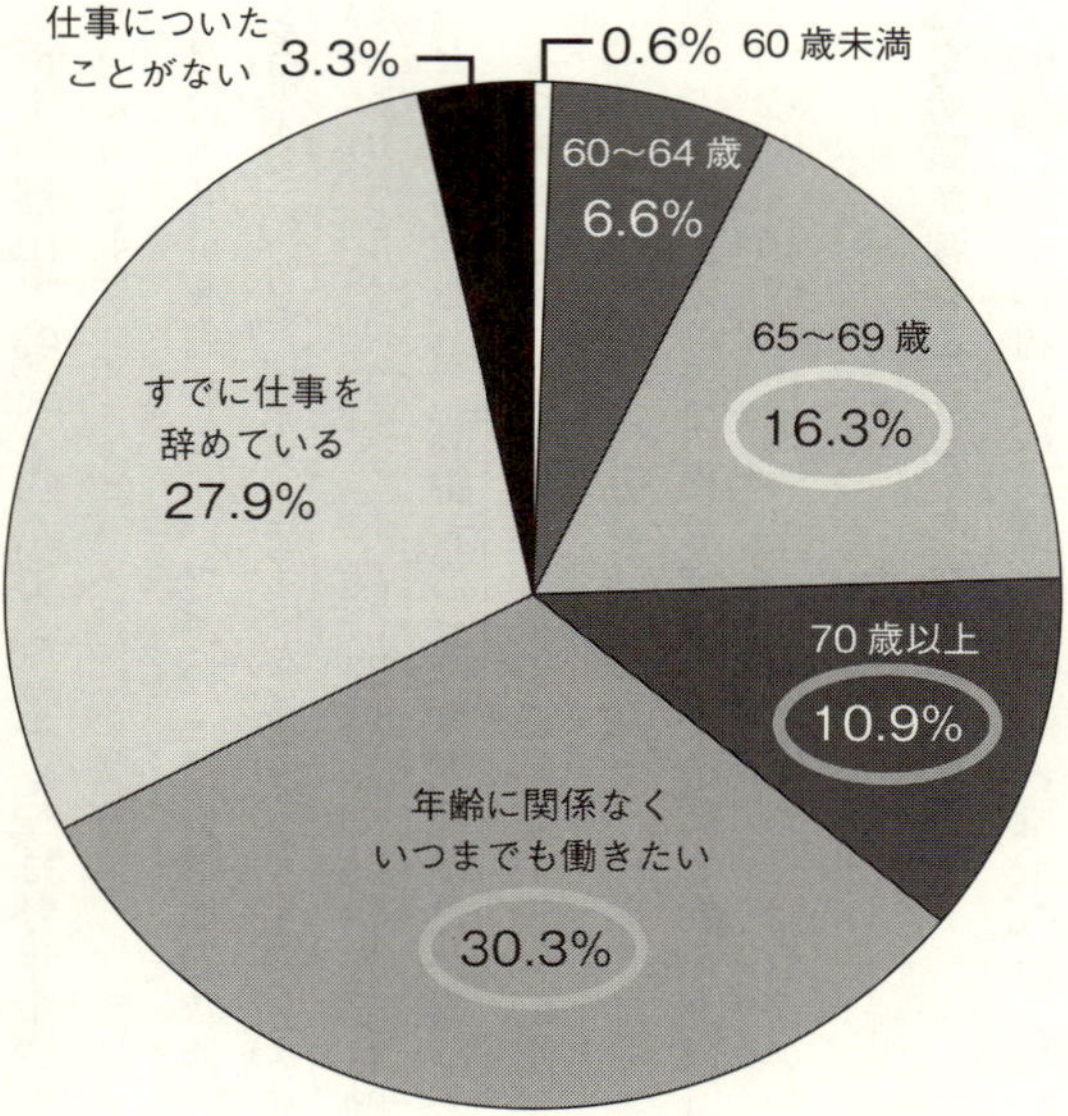

55歳から69歳の男女5000人を
対象としたアンケート

65歳以上まで働きたい割合が約6割

出所：独立行政法人　労働政策研究・研修機構「高齢者の雇用・就業の実態に関する調査」
（平成22年7月9日）

さて、では高齢になっても働いている人の理由は何かというと、72・8%と多数を占めるのが「経済上の理由」(76ページのグラフ)。やはり年金や退職金だけでは不十分と感じる人が大勢いるのです。

しかし、2位と4位を占める「いきがい・社会参加のため」、「健康上の理由(健康に良いから)」を足すと30%を超える数字になることも見逃せません。先に紹介した「何歳まで働きたいか」のアンケートで「年齢に関係なくいつまでも働きたい」と答えた人が30・3%いたことと合わせると、高齢者にとって働くことが喜びの1つになっているとも言えそうです。じつは「働きつづけている人のほうが、精神的な緊張が失われず脳は絶えず活発に働き、長生きする」という説もあるのです。(注4)

ともあれ、老後の蓄えのためにも健康のためにも働いたほうがいいのならば、定年後の生活をどうするか、40代50代のうちから考えておくほうがいいのではないでしょうか。

働くと年金支給額が減ることも――在職老齢年金

ところで60歳代からの再就職に関して、こんな心配をしている人はいませんか?

「再就職すると在職老齢年金制度で年金が減らされてしまうらしい。それなら働いても仕方がないのではないか」

結論から先に言えば、そう心配せず働いたほうがずっといいと思います。

60歳以降も働くと、在職老齢年金制度のために老齢厚生年金の支給が減ることがある──これはたしかです。

しかし、基本的には働いて得られる金額ほどは減りませんから(注5)、家計のためにも健康のためにも働くことをお勧めします。

再雇用か個人事業か、道は2つに1つ

60歳を過ぎてから働く場合、自ら新しい職場を探して再就職する人もいるでしょうが、もっとも一般的なのは元の会社に再雇用されるか、元の会社が紹介してくれた先に勤めるケースです。

長年勤めた会社の強力なバックアップなしに、60歳をすぎてから、独力で再就職をするにはリスクが伴います。人によっては再就職先との関係が上手くいかず、たとえば63歳で職を失い、新しい職場を探すはめになるかもしれません。

元の会社に再雇用される場合はどうでしょう。この場合は予定どおり65歳まで勤めあげることができそうです。しかしそれから先の時点で、次の職場を見つけるのはむずかしいと思います。高齢になればなるほど、就職のチャンスは減っていきます。

また、再雇用された人は部下やチームをもたず、孤独な作業を強いられるケースも多く見られます。仕事内容にしても、定年前のようにやりがいを感じるものはあまり望めないのが現状。これではせっかく企業で働けても、ストレスがたまりそうです。

ならば定年退職後、元いた会社に頼らずに自ら個人事業を始めるという道を選ぶ人も最近では少しずつ増えてきています。個人で事業を始めるといっても大袈裟《おおげさ》に考える必要はありません。自分の得意分野を活《い》かして個人事業を始めたり、自分ひとりの小さな会社を立ち上げればいいのです。これなら自分が主導権をもって好きな仕事にあたれますし、もし失敗しても人から首を切られるよりずっとましだと思います。

平均寿命が延びて「今の70歳は昔の60歳」と言う人もいます。それにならえば今の60歳は昔の50歳。まだまだ新しいチャレンジができる年齢です。個人事業や個人起業については次章で改めて述べますので、選択肢の1つに加えてみてはいかがでしょう。

「長生き」というリスクを年金でカバーする

さて、この章の最後に今一度、老後の生活における年金の価値を考えてみたいと思います。年金の最大のポイントは、死ぬまでずっと一定の金額をもらえるということです。

老後に必要な資金のうち、あなたがもっている資産は1800万円の退職金と、住宅ローンを終えたばかりの家だとしましょう。この家の不動産価格が3000万円とすると、退職金と合わせて4800万円になります。

では、老後にもらえる年金額はどのくらいになるのか。厚生労働省のモデルケースで計算すると、65歳から夫婦で月額23万3000円受給しますから、1年で279万6000円。20年間生きれば5592万円、90歳まで25年間生きれば6990万円。退職金と持ち家の価格を合わせた額より、年金のほうがずっと多くなります。

年金とはこのように老後の生活を考えるうえで、退職金や住宅、預貯金などよりもずっと頼りがいのある「資産」なのです。

年金については若い世代が高齢者世代を支える仕組みであるとして、少子高齢化が進む日本では今後制度が破綻するとか、そういったマイナス面ばかりが強調されています。

しかし年金には優れたプラス面があります。

ひと言で言うと「長生きしてしまうリスク」を軽減するということです。

「長生きするリスク」などというと怒られそうですが、今の日本で85歳、90歳になって収入がありつづける人は、一部の政治家や天下り役人くらいです（そして彼らの世界でもだんだんと年齢制限が設けられたりして既得権益が剝奪《はくだつ》されつつあります）。

ほとんどの人は収入がないまま高齢化時代を過ごしていかざるをえないわけですから、金融（ファイナンシャル・プランニング）の観点からすれば、「長生きするリスク」になってしまうのです。

そしてこの長生きするリスクに対して、いちばん心強い「武器」は、住宅でもなければ、あなたが一生懸命貯めて作った預金でもありません。65歳のときに築25年だった家は、85歳のときには築45年になっています。少なくとも建物には価値がなく、毎年の修繕費が大変になってきます。預金だって毎月下ろして使っていけばどんどん減ります。

すでに述べたように毎月分配型の投資信託を購入した人は、いまや元本（基準価額）がどんどん目減りしていて不安になっているかもしれません（繰り返しますが確実に儲かっているのは販売手数料や毎年の信託報酬を得ている金融機関だけです）。

これらに比べていちばん頼もしいのは、じつはマスコミから叩《たた》かれ、頼りなさげに見えていた年金なのです。

「年金が資産だというけれども、早く死んでしまえばほとんどもらえないじゃないか」

こう言う人もあるかもしれません。しかし早く死んでしまうのであれば「老後の資金」は要《い》らなくなります。

年金については、「不幸にして早く死んでしまう人が、長生きしていく人を、社会全体として支える仕組み」でもあるのです。

じつはこんな仕組みは生命保険などの保険にもありません（生命保険は死ぬことで、残された遺族が助かる仕組みです）。ほかの金融商品でもちょっとない仕組みです。

「長生きしてしまうリスク」

人間が生きていくにはお金がかかりますから、長生きすることは確かにリスクでもあります。そして、そのリスクに備える最強の武器が年金なのです。

このリスクには「年金」という武器で立ち向かうしかありません。

年金の「資産」としてのユニークな価値に着目して、老後の生活設計を考えていくことが重要です。

コーヒー・ブレイク❶ 年金って本当に大丈夫なの？　破綻しないの？

年金制度には数多くの綻《ほころ》びが見られます。

よく言われる問題点のいくつかを挙げてみましょう。

（1）国民年金の年金保険料未納者が4割にも上る。

（2）厚生労働省や旧社会保険庁の役人たちが、天下り先の特殊法人を作ったり、全国各地にグリーンピアと称する保養施設を作ったりして、年金財政を食いものにしてきた。

（3）厚生労働省はいまなお非現実的な数値を使って年金「100年安心プラン」の旗を振っている。たとえば2009年に行なった年金財政の「検証」では、2010年の賃金上昇率を3・4％、2020年以降の年金積立金の運用利回りを4・1％とするなど、非現実的な前提を設定。

こうした役人のご都合主義が国民の年金不信をより一層増幅させている。

（４）日本の年金制度は「賦課方式《ふか》」（現役世代が支払っている保険料は今の高齢者の年金支払に使われる）。これは親世代が子世代の面倒になり、子世代が孫世代の面倒になるという「自転車操業」方式で、少子高齢化の下では、若い世代に過酷な負担となる。

学習院大学の鈴木亘教授の試算によると１９４０年生まれと２０１０年生まれの世代間格差はひとりあたり５４６０万円以上[注6]。

年金制度にはこのように多くの問題点が指摘されます。

このため「日本の年金制度はこれから先、長くつづかない」、「いずれ破綻する」と考えている人も少なくありません。

「そんな制度に自分の老後は任せられない」

こういった考えです。

しかし年金制度が持つ「優れた仕組み」、すなわち「不幸にして早く死んでしまう人が、長生きしていく人を、社会全体として支える仕組み」は、他の制度では代替不可能です。

たしかに日本の年金制度はいずれ抜本的改革を余儀なくされるでしょう。場合によっては「賦課方式」から「積立方式」（若い現役時代に払い込んだ保険料を積み立てて、自分の老後にそのお金を受け取る仕組み）への移行が図られるかもしれません。

しかし年金という制度そのものはどんなことがあってもつづいていくでしょう。

たとえ消費税を引き上げてでも、年金制度の基本的な部分は維持する。これは与党だけではなくて、野党各党にも共通した考えだと思います。

したがって「年金制度は信用できないから保険料を納めるのはよそう」とか「いずれ年金は破綻するのだから将来年金をもらう権利を失うとしても保険料は納めない方が得だ」というのは間違った考え方です。

年金制度を賢く利用していくこと。

これが老後の生活設計においてはどうしても必要となってきます。

（注1）厚生労働省「平成22年『高年齢者の雇用状況』集計結果」（平成22年6月1日現在の調査結果を同年10月29日付で発表）
（注2）「2007年度連合構成組織の賃金・一時金・退職金調査」
（注3）「指定介護老人福祉施設の人員、設備及び運営に関する基準」（平成11年3月31日厚生省令第39号）、「指定介護老人福祉施設の人員、設備及び運営に関する基準の一部を改正する省令」（平成14年8月7日厚生労働省令第104号）
（注4）前坂俊之『百寿者百語――生き方上手の生活法』（海竜社、2008年8月）
（注5）年金額の減額部分（支給停止額）は一般的に次の式で求められる。
（総報酬月額相当額＋基本月額－28万円）×0・5
右式で求められる停止額は月額ベース。ここで「総報酬月額相当額」は働くことによって得られる収入、すなわちボーナスを加味した平均月収。「基本月額」は、働かなければもらえるはずであった一カ月あたりの年金額。詳しくは日本年金機構のホームページ（左記）を参照。
http://www.nenkin.go.jp/question/008/todokede_ans02a.html
（注6）鈴木亘『年金は本当にもらえるのか？』（ちくま新書、筑摩書房、2010年7月）

第2章　定年後の再雇用か、個人事業か

年金で不足する分は、働いて補うしかない

定年後は年金で悠々自適――かつては多くの人がこう考えていたと思います。リタイア後のスペイン移住、アジアへの移住などが流行した時期もありました。しかし、今となってはそれも「いつか見た夢」にすぎません。

第1章で述べたように、現状では55歳から69歳までの男女5000人を対象にしたアンケート調査で「65歳以上まで働きたい」と答えた人が6割に上ります。アンケートに答えた人の就業率は男性で72％、女性は49％です。このうち60歳から64歳の男性にかぎってさらに見ていくと75％、65歳から69歳の男性でも52％と過半数の人が実際に働いています。

年金だけでは老後の生計が成り立たない――これがアンケート実施時の平成22年現在の現実なのです。しかも年金の仕組みには不確定要素があり、税引き後ベースの実質的な年金収入は今後ますます減ってしまう可能性も少なくありません。

一方、平均寿命は着実に延びています。昭和45年（1970年）に69・31歳だった男性の寿命は平成21年には79・59歳と、約40年の間に10年以上も長生きするようになりました。今や60歳男性の平均余命は22・87年。60歳で定年を迎えた後、22年以上もの「老後」が待ちうけているのです。ちなみに女性の平均寿命は昭和45年の74・66歳から86・44歳ま

で延びています。寿命が大幅に延びたのは医療の進歩のおかげもありますが、老後の生活には医療費もかかるはずです。

どんなに健康な人も、60歳を過ぎてから人生を終えるまで、まったく病院の世話にならないで暮らすことはほぼ不可能ではないでしょうか。国民皆保険で誰でも平等な医療が受けられる日本の医療システムは優れていると思いますが、そのシステムも年金と同じように綻《ほころ》びが目立ち始め、今後の医療費アップは避けられそうもありません。万が一保険では受けられない高度な医療が必要な病気にかかれば、それだけで老後の生活設計は大きな軌道修正が必要になってしまいます。

以上のことがらを考えると、やはり定年後も働くしか道はありません。「60歳なんてまだ若いし、働けるし、働きたい。70歳まで働こう」

前向きにこう考えている人もそうでない人も、「働かざるを得ない」時代になってきました。これからは70歳まで働くのが当たり前の世の中になることでしょう。先ほど60歳以降の人生を「老後」と表現しましたが、70歳までは「現役」と呼ばれる社会が定年間近のあなたを待っているのです。

再就職後の職場に「居場所」はない？

では、60歳で定年を迎えた後どこで働くか。いちばん身近な就職口は、それまでいた企業です。年金受給開始年の移行に伴って、65歳まで社員を再雇用したり定年を65歳まで延ばすことが法で定められました（29ページ参照）。

しかし、第1章でも触れたように、再雇用されてからの仕事はそれまでのものとは一変してしまいます。定年が65歳に延びたとしても、定年近くなると別の部署へ異動させられるのが一般的なのです。

ではそれによって職場環境はどう変わるか、1つ例を挙げてみましょう。大手家電メーカーに入社し、取締役の一歩手前で60歳の定年を迎えた青木さんが、再雇用後に配属されたのはテレビ事業関連の開発部でした。学生時代のゼミの仲間がそれまでの経験とはまったく違う総務部営繕課に配属された話を聞いていましたので、青木さんは正直ほっとしました。テレビ事業は以前に経験したことがある部門だったからです。しかしそれでも取締役の一歩手前までいった青木さんにとって、目の前の現実はけっして甘いものではありませんでした。

新しい配属先の開発部長は55歳の井上さん。上昇志向が強く、何としても取締役になろうと張り切って働いています。井上さんの下にいる部下は40人。多少強引な面はあるものの明るい人柄の井上さんに引っぱられ、部内には活気があります。

そこへやってきた青木さんの肩書は「部付き部長」ですが、青木さんの下には誰も部下はいません。他の社員と関わる仕事は何一つなく、５歳年下の井上さんから直接指示を受けて業務をこなしています。

じつは青木さんと井上さんは、以前同じ課に所属していたことがありました。その頃は５歳年上の青木さんが課長で、井上さんはその部下。それが今や逆転し、青木さんは以前の部下に仕える身の上です。井上さんの指示を聞くとき、青木さんはやはり内心忸怩《じくじ》たる思いがあります。井上さんにしても、元の上司が部下になって「やりにくい」のが正直な気持ちです。

こういった「それまでの上下関係が逆転する」というケースは、かつて私が働いていた外資系企業では日常茶飯事なのですが、伝統的な日本企業の場合、どちらがどちらに話す言葉を敬語とするかといったところから問題になり得ます。

青木さん、井上さんの間には当然ながらぎくしゃくした空気が流れ、それが部内のスタッフにも少なからず影響を及ぼします。井上さんの下で働く部下たちは、自分のボスが扱いにくそうにしている青木さんに対し、どうしても敬遠するようになってきます。青木さんをまったく無視するわけではありませんが、まるで腫《は》れものに触れるような扱いになってしまうのです。

再雇用されてから半年後、青木さんは部内で自分のことが話題になっているのを偶然耳にしました。海外に赴任することになった部員の送別会に自分を呼ぶかどうか、部内で議論されているのを知ってしまったのです。

新しい環境にようやく少し慣れ、将棋や野球の話題を振れば答えてくれる若い社員も数人見つけたと思っていたのに、やはりみんな自分のことを煙たがっている——青木さんはこのときはっきりそれを自覚し、「あれ以来、仕事への意欲を失ってしまった」と言っていました。

60歳にして鬱《うつ》病になる現実

青木さんのケースは、けっして誇張したものでも特殊なものでもありません。むしろまったく畑の違った職場に異動された人と違って、かなり恵まれたほうです。

実際はこれよりも精神的にこたえる現実が再雇用者を待ち受けていると覚悟しておいた

ほうが良さそうです。

会社側からすれば、たとえ給料がそれまでの半分ですむにしても、退職金まで払った元社員を再雇用するだけで精一杯。中国やインドネシアなど国外で展開すれば安い賃金で労働力が確保できる今、国内で労働者を雇うこと自体むずかしくなっているのです。

それでも国内で人を雇わなければならない場合、それまで月給80万円で雇っていた社員を35万円で再雇用するより、フレッシュな若い人を雇ったほうがよほど戦力になります。


はっきり言えば、会社側は定年した社員を「仕方なく」再雇用しているため、その処遇には格別な配慮などする気もありません。それまでのキャリアとはまったく異質の部署へ配属された再雇用者が、自分より若い上司に命令されたり、自分の子供ぐらいの若手社員に疎《うと》まれて鬱《うつ》病になろうとも、会社としては痛くも痒《かゆ》くもないのです。

実際、再雇用で通っている職場環境に「満足している」という話は、ほとんど聞いたことがありません。しかし、その逆なら山ほど聞いています。

たとえば会社は小規模ながらヒット商品をもつ飲料メーカーを退職した上野さんは、再雇用後に同じ会社の営業畑へ配属されました。それまで営業経験はなく、もともと人づき合いの苦手な上野さんにとって、取引先での会話がひじょうに苦痛でなりません。取引先の販売店で相手にするのは20代後半から30代後半の人ばかり。彼らからはしばしば飲料水のCMに関する話題が出るのですが、上野さんはそのCMに出演しているタレントの名前もうろ覚えで、なかなか会話が弾《はず》まないのです。

社内にいても事情はほぼ同じ。上野さんには若い世代と共通の話題がなく、話しかけるのはパソコンの操作を聞くときぐらい。しかし、上野さんのパソコン知識はインターネット・エクスプローラーでウェブの世界に入ることぐらいで止まっていますから、「サファリ」「ファイヤーフォックス」と言われてもチンプンカンプンです。このため周囲からは、「使えないおじさん」と認識されてしまうのでした。

上野さんだけではありません。再就職者は一般的に定年退職を迎える数年前から閑職に回されるので、再就職したときには何もかも周囲の若手社員とはズレてしまっている人が圧倒的に多いのです。そのことを自覚してから過ごす再就職ライフは、精神的にもかなりこたえます。

定年後、家にいれば家庭不和の元？

再就職はせず、生活を切り詰めながら年金だけで暮らしていく。そんな定年後を選ぶ人もいます。食品メーカーに勤めていた江藤さんもそのひとり。再雇用された先輩の姿を間近に見たことが、この選択の決め手になったそうです。

「以前、自分の所属している課に、再雇用された先輩が配属されたんです。自分が入社した頃『やり手』『会社の危機を救った男』などともてはやされた人ですが、私が目の当たりにした先輩は、時代から取り残され、若者に迎合しようとしている哀れなおじさんにしか見えませんでした。そのとき決めたんです、よっぽど生活に困らないかぎり、60歳の定年で仕事はきっぱりやめよう、この会社に定年後に再就職することだけは絶対避けようって」

江藤さんは自分の意志を貫き、平成22年に定年退職した後、再就職せず年金生活を送る道を選びました。しかし、これがまた、地獄のような日々の始まりでした。40年近く働きつづけ、定年の年にようやくローンを払い終わった「マイホーム」には、自分の居場所がまったくなかったのです。

「ホッとできたのは最初の1週間だけでした。妻は私が退職したら一緒にあちこち旅行する生活を夢見ていたようです。でも、実際にはそんなゆとりなんてありません。妻もそれに気づいて、だんだん愚痴《ぐち》をこぼすようになってきました。それで私も再就職先を探し始めたのですがまったく見つからず、結局今は妻がパートにでています。私ですか？ ようやく家のどこに何があるか分かってきましたが、家事はできないし、今の稼ぎ頭は妻ですから肩身が狭いですね。今も就活中ですが、いつまでも仕事が見つからないまま家にいると妻に追い出されそうで、毎日落ちつきません」

「主人在宅ストレス症候群」の恐怖

退職した夫が家に長くいるようになっていったんは夫婦仲に亀裂が入る――こういった例は枚挙にいとまがありません。それも江藤さんのケースのように、不満を抱くのはもっぱら妻の側です。


「何もせず1日中ソファでごろごろしている夫が目ざわり」

「34年連れ添った夫と共通の趣味も話題もまったくないことに気づいて嫌気が差した」

「給料が入らなくなったのに酒ばかり飲んで支出は増える一方」

「長年社会に出ていたのに友だちがひとりもいない夫に愛想が尽きた」

などなど、ネット上には退職後の夫に対する妻の鬱憤《うっぷん》があふれています。

20年以上の同居期間を経た夫婦の離婚数推移

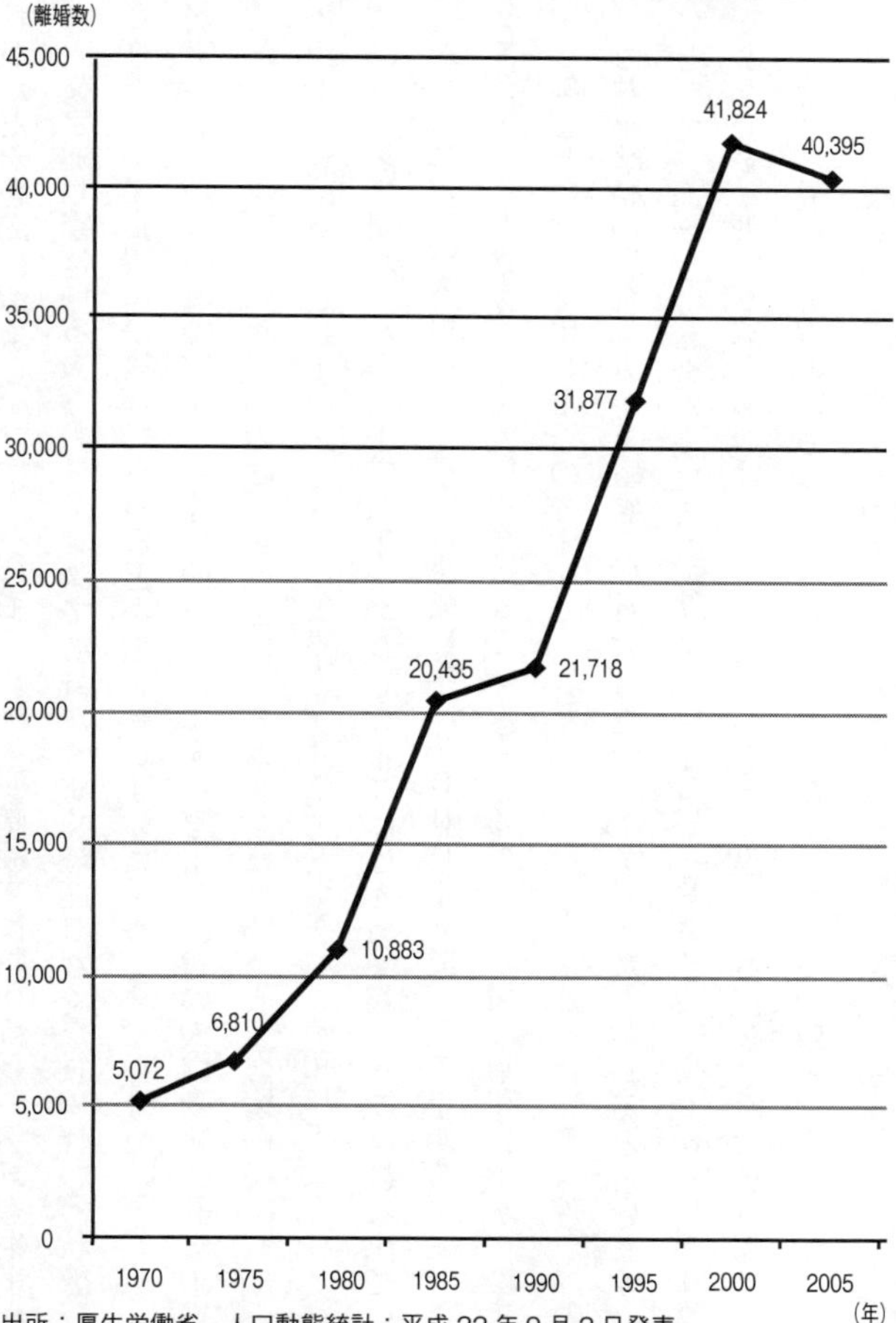

出所：厚生労働省　人口動態統計；平成22年９月２日発表

これがただの愚痴に留《とど》まらず、「主人在宅ストレス症候群」という新しい病気も生まれました。文字通り家にいる夫へのストレスで心身がうまく機能しなくなり、軽い鬱《うつ》状態になったり胃や十二指腸に潰瘍《かいよう》ができるなどを引き起こすのだそうです。

夫が定年してからの離婚数も、急速に伸びています。厚生労働省の人口動態統計データによると、約40年間で熟年夫婦の離婚数は8倍に増えました（99ページの図参照）。

20年以上一緒に暮らした夫婦の離婚数を具体的な数字で示すと、昭和45年（1970年）には5072組だったのが平成21年（2009年）には4万96組（グラフには出ていませんが）。4万組の大台に乗ったのは平成12年（2000年）で、その年から平成21年（2009年）まで毎年4万組前後が離婚しています。99ページの図は昭和45年からの離婚数を5年ごとにグラフ化したものです。

しかも熟年離婚の場合「妻から離婚を切りだした」ケースが多数を占めると言います(注1)。

妻にとって、退職してお金を家に入れなくなった夫は、「粗大ごみ」でしかないケースもあるようです。夫に不満をぶつけながらも自らパートに出ている江藤さんの奥さんは、まだ夫に対する愛情があるのかもしれません。いや、ひょっとして「離婚」を口にするタイミングを計っているところでしょうか。

ともあれ、退職したら妻の温かい手料理を三度三度食べながら、のんびり読書でもして暮らそう、などという甘い夢は描かないほうがよさそうです。

「個人起業」という選択肢

定年後、再雇用制度を利用してもやりがいを感じる仕事には就《つ》けず、かといって家にいても妻に疎《うと》んじられるか、へたをすれば叩《たた》き出される――残念ながら、これが定年退職者の一般的な現実です。

運良く再雇用されたあとの職場環境に恵まれ、やりがいを感じる仕事を与えられても、65歳になればまた退職を迫られます。定年後70歳まで同じ会社で働くことは、まず不可能と考えたほうがよいでしょう。

となれば、残る道は「個人で仕事を始める」しかありません。ここでは「個人起業」という造語を使って以下説明していきますが、要は、自分の得意分野を活《い》かし、会社を作ってひとりで事業を始めるという意味合いです。特に会社組織にしないで、「個人事業」形態で仕事を始めてもいいと思います。

ところで「起業」という言葉には、何か特別な才能をもった人がベンチャー企業を立ち上げる、といったイメージをもつ人も多いことでしょう。たとえばソフトバンクの孫正義さんや、ホリエモンこと元ライブドア社長の堀江貴文さん。しかし彼らにしても、起業した当初は小規模な事業をしていました。

孫さんの場合はアルバイト2人とともに始めたコンピュータの卸売事業。堀江さんが初めに興《おこ》したのは、オン・ザ・エッヂというホームページ制作請負会社でした。いまではホームページ作成ソフトもありますし、パソコン操作が得意な人ならば誰でもホームページが作れます。しかし、堀江さんがホームページを作ったのは、自分でホームページが作れる人があまりいない頃でした。

孫さんも堀江さんも、少し先の時代を見抜く目のもち主ですが、最初に行なった事業は小規模で、内容自体も特別むずかしいものではありません。このように、現代の「起業家」として私たちがすぐ頭に浮かべる人たちも、最初はごく小さな事業からスタートした例が少なくないのです。

ただし、誤解しないでください。個人起業の目的は、大成功でも上場でもありません。自分のキャリアを活かして起業し、年金では足りない定年後の生活費を自ら生みだそう、という提案です。

何も会社を新しく立ち上げる必要はありません。本書の第1章で登場した通訳案内士の佐藤英志さんを覚えているでしょうか。彼にはもらえる年金が少ない例として登場してもらったのですが、佐藤さんはどの会社にも属さずフリーで働いています。したがって彼には定年がありません。70歳でも75歳までも本人が望むまで働くことができるのです。

本書の読者の方でたとえば会社員時代、海外勤務を経験して語学が得意になった方。この方たちは定年後、佐藤さんのように通訳案内士の試験を受けて、日本を訪れる外国人を対象とした通訳と案内の仕事を新たに始めることもできます。

この場合、「クールジャパン株式会社」といったような日本の名所旧跡案内を目的とする会社組織を立ち上げてもいいでしょう。しかしそんな大袈裟《おおげさ》なことをしないで、通訳案内士を「個人事業」として税務署に届け出るだけでもよいのです。税務署に個人事業として届け出ることによって、事業で発生する交通費などの経費を個人事業収入から差し引くことができるようになります（その結果、かりに事業がうまくいって所得が上がるようになった場合、納める税金を減らすことができます）。

「起業」という文字には「リスク」というイメージもあるかもしれません。しかし自分がこれまで会社で行なってきた延長線上の分野、すなわち勝手知ったる分野で小規模、少人数で仕事を始めるのであれば、多くの場合それほどリスクはないのではないでしょうか。

小学校の先生が定年後に自宅で学習塾を始めるとか、デザイン会社に勤めていたインテリア・コーディネーターがもといた会社から仕事を下請け的に回してもらうことで小さなデザイン会社を始める、そういったような形での起業です。不動産会社の営業マンが個人で営業専門の会社を作り、現役時代のコネを使って関係先から物件を卸《おろ》してもらって販売していくといった例もあります。

このようにこれまで会社で行なってきた仕事の延長線上での小規模な形での起業はじつはそれほどのリスクを取らずしてできることが多いのです。

通訳案内士の仕事にしても外国語でホームページを作るとか、外国人が目にするフリー・ペーパーに広告を入れるとか、あるいは日本観光通訳協会などの団体に登録するとか、若干の初期費用はかかるでしょうが、いずれも大きなリスクを背負い込むことにはつながりません。

生活費の足しにするという目的で個人起業を行なうのであれば、起業資金にしてもさほど必要ないケースが多いのです。退職金のほんの一部を充《あ》てるだけですむかもしれません。

退職金は安易に運用に回してはいけない

退職金の使い道を、みなさんはもうきちんと決めているでしょうか？　おそらく多くの方が、漠然とこう考えていると思います。

「退職金の４分の３くらいは銀行の定期預金にして、残り４分の１ぐらいは株や投資信託に充てて運用してみようか」

実際このように提案するファイナンシャル・プランナーも少なくありません。

「３％くらいの利回りで安定運用することを目指しましょう」

「分散投資をすればリスクを抑えて３％の利回りを実現できます。ポートフォリオの半分は先進国債券、残り半分は日本株、先進国株、新興国株、世界リートに４分の１ずつ均等に分割しましょう」

しかしそうした「安定運用」や「分散投資」の結果がどうであったか。自分で仮想のポートフォリオを組み立て、１年前、２年前、３年前に投資したらどうなっていたかを投資信託の基準価額推移や日経平均、ダウ平均の推移、為替レート推移のデータを使って容易に検証することができます。もっと簡単に調べようとすれば、この種の分散投資を謳《うた》った投資信託の基準価額推移を証券会社のホームページなどで見ることもできます。３％の利回りを実現するのが、いかに大変かが分かると思います。

やや専門的になりますが、日本はデフレで、消費者物価上昇率はマイナスの1・4%[注2]。この世界で3%の利回りを上げようとすれば、実質4%強のリターンを上げなくてはならないことになります。これはじつは大変なことなのです（第1章の55ページで述べたように、かりに名目金利の高いブラジルやオーストラリアなどの海外で運用したとしても、円ベースに戻すときに理論上は為替で裁定が働いてしまいます）。

ファイナンシャル・プランナーと称する人たちのなかには証券会社のセミナーで講演して講演料をもらったり、証券会社や投資顧問会社が広告を載せているマネー誌に原稿を書いて生計を立てている人も少なくありません。彼らの提案を聞く際にはそういった点も考慮に入れてみる必要がありそうです。

第1章でも述べたように、リターンの高いものはリスクも高い。これが金融の理論の鉄則です。3%の運用利回りを目指すということは、それに見合うリスクを取るという覚悟が必要です。あなたが20代や30代であればそれもいいでしょう。

しかしはたして退職金で、そんなリスクを取ってしまってよいのでしょうか。

株や投資信託より起業のほうが確実？

平成19年に定年退職した森和男さん。彼は２０００万円の退職金のうち１５００万円を預金し、残りの５００万円を株式投資に回しました。平成19年と言えば、「お金は銀行に預けるな」といった題名の本が書店にずらりと並んでいた年です。「自分のお金が自分以外のところで稼いでくる」、このようにするのが金融リテラシーなどと言われて、もてはやされていた頃でした。森さんは日本でいちばん大きな会社の株なら安心だろうと考え、トヨタの株を買いました。

当時トヨタの株は一時８０００円を超えていましたが、３年後の平成22年12月末には３２２０円になっています。株で増やすつもりの５００万円が、３年ちょっとで２０１万円になってしまったわけです。

株で運用するとはどういうことでしょう。

たとえばトヨタの株式に投資するというのは、自分が投じた資金の命運をトヨタの経営者にゆだねるということです。トヨタの経営者が投資家の期待に応えて、会社の業績を上げてくれればトヨタの株は上がっていきます。反対にリーマンショック前にアメリカで在庫が積みあがっているにもかかわらず対応が遅れ、大型車種を作りつづけたりすれば、会社は赤字となって株価は下落してしまいます。

かりに森さんが退職金2000万円のうちの500万円をトヨタの株式投資に回すのではなく、自らの起業資金に充《あ》てたらどうだったでしょう。日本最大の会社、トヨタに投じた500万円は、3年で6割が消えてなくなってしまいましたが、自分で個人事業を行なう場合、よほど大きな失敗を繰り返さないかぎり500万円の資金の半分強が消えてしまうことはありません。

たとえば独立して営業会社を立ち上げた元営業マンが顧客の接待で毎晩10万円を使い、1カ月経ってもまったく売上がなかったら起業資金のうち300万円は消えてなくなります。しかし会社員時代の人脈にターゲットを絞って営業していけば、こんなことはまずあり得ません。

もちろん現実は甘くなく、実際に起業したとしても初めの数カ月はなかなか売上が上がらず、多少の赤字になるかもしれません（これを創業赤字と言います）。それでも自分が興《おこ》した会社や個人事業のために一生懸命努力した結果の赤字なら、納得できるのではないでしょうか。これに対し、株式投資は自分が稼いだお金の命運を投資した先の企業や経営者に任せるわけです。投資信託にしても自分が預けたお金の運用を人任せにすることにほかなりません。

起業をして、創業資金、事業資金としてお金を使うということは、自分で自分のお金をコントロールするということです。そのほうが他人（たとえばトヨタの経営者）に任せるよりも納得できませんか。退職金2000万円のうち、300万円なり500万円を起業資金に使う――他人任せの運用に回すくらいならば、ぜひ自分自身の手で自分のこれからの生活のために活用することを考えてみてください。

社会を熟知している中高年の強み

起業について「才能のある人がするもの」というイメージの他、「若者の特権」と考えている人も多いことでしょう。たしかに現在も、たとえばモバイルソリューションやデジタルコンテンツなどの世界で起業する若者が後《あと》を絶《た》ちません。

しかし、彼らには共通の弱点があります。それは何かと言えば、世の中の仕組みや目上の人との接し方を知らないことです。

たとえばある若者が、テレビ番組を携帯電話サイトのコンテンツとして見られるシステムを開発したとしましょう。番組に出てくる俳優が着ている洋服が気に入って、サイトの視聴者がこれを買いたいと思った場合、その洋服の販売会社のサイトに飛ぶような仕掛けも付いています。あるいはソーシャル・ネットワークと連動していて仲間内で番組を見ながら「番組に出てきた、あのレストランにこんど一緒に行こうよ」といった感想を投稿しあえるようなサイトでもいいでしょう。気に入った場面が何度も何度も繰り返されるサイトも面白いかもしれません。

しかしそれがどんなに優れたシステムでも、テレビ局に売り込まないことには仕事になりません。そこでテレビ局にプレゼンテーションをしに行くわけですが、ここでもう第一の壁にぶつかります。「若すぎる」ということだけで、なかなか相手にしてもらえないこともあり得ますし、逆に若者のほうもテレビ局のような大企業がどのような形で意思決定を行なうのか、想像もつかないことが多いのです。

たとえ若手起業家が天才的なプログラマーであったとしても社会経験が乏しく組織の中で働いた経験もありません。名刺の渡し方、受け取り方、エレベーターに乗るときの順番、車に乗るときの位置など、サラリーマンなら誰でも身につけている常識も、彼らにはまったくないのです。

話は少しそれてしまいますが、以前私がアメリカの投資銀行に勤めていたとき、会社のナンバー2に当たる副会長は39歳の若手でした。あるとき副会長が来日し、日本の大手企業の社長と会うことになりました。こうしたとき、日本企業側は往々《おうおう》にして「副会長の履歴書」を事前に求めてきます。それに応じて履歴書を送ると、財務担当常務からさっそく電話がかかってきました。

「うーん」と唸《うな》りながら常務は言います。

「30代ですか……。アメリカの投資銀行の方は若いとは聞いていましたが、弊社の社長が30代の経営者と面談するのはおそらくは初めてです」

日本型サラリーマン社会では年齢や肩書き、そしてどういった仕事をしてきたか、誰を知っているかが重視されます。こういった独特の企業風土のなかで日本の若手ベンチャー経営者たちは本来の実力とは関係のない、意外なところで苦労を経験することも少なくありません。外においては「自分より年上」の顧客に自社製品を売り込んでいくことが要求され、内にあっては、「自分より年上」の部下を使いこなしていかなければならないのです。

裏を返せば、定年した人が起業した場合にはこうした苦労は経験しなくてよいということを意味します。そればかりか日本独自の慣行が利点として機能することになります。

「○○社長と中学時代同じクラスだった」とか「長年経験を積んだベテラン」というだけで、ある程度の信用が得られることになります。

実際問題としても、社会の仕組みや同業他社の動向に通じている中高年のほうが、若者より有利なケースが少なくありません。顧客企業との会議、プレゼンテーション、担当者接待、どんな局面にも慣れているので、仕事がスムーズに運ぶからです。

また中高年の場合、これまでのサラリーマン人生を通じて自分の得意領域を熟知しているという利点もあります。自分は海外営業なら自信があるとか、ワンルーム・マンションなら誰よりもうまく販売できるとか、取引先の信用分析なら誰にも負けないといった、自分の得意領域を熟知している、そしてこれを分かったうえで起業できるというのが中高年の強みなのです。

起業はけっして若者だけの特権ではありません。

退職後こそ真の実力を発揮できる

年功序列型の日本企業にも、熾烈《しれつ》な競争はあります。ただし残念ながら、その競争は真の実力や実績を必ずしも反映したものではありません。人事査定や配置転換には、仕事の成績だけでなく、上司との関係など仕事には関係のない要素も含まれます。仕事の成績が同じぐらいなら、上司から目をかけられている社員のほうが早く出世していくのです。

「何であんなゴマすり野郎だけが出世するんだ！」

「部長が家を建てたって話は知ってるだろ？　この前の日曜日が、新居への引っ越しだったんだそうだ。で、あいつ、手伝いに行ったらしいぜ」

「えっ、また点数を稼いだのかよ！　あいつより俺たちのほうがずっと実力はあるのになあ」

などという会話を居酒屋で交わしているのは、一部のサラリーマンだけではありません。日本中の大企業から中小企業まで、多かれ少なかれ不公平な人事が行なわれているからです。

ゴマすりには、休日にゴルフをしに行く上司を車で送り迎えしたり、上司の奥さんが好きな歌舞伎のチケット予約を引き受けたり、さまざまなパターンがあります。また、他人のアイデアや手柄を横取りしながら出世の階段を一段飛ばしで上がっていくタイプもそこかしこにいます。反対にあくまで目立たず、事なかれ主義で失敗が少ないため、実力以上に地位がついてくる人もいるでしょう。

企業の中で重要なポスト数はかぎられていますから、大多数のサラリーマンは社内人事に不満を抱いているかもしれません。

「会社のためにと思ってリスキーな販売戦略を取ったら見事に失敗した。たしかにちょっと強引なやり方だったかもしれないけれど、その責任を私一人に押しつけられて会社への愛着がすっかり失せてしまった」

こんな話も聞いたことがあります。日本企業の中では、自分が勤める会社を愛し、アイデアを駆使して仕事をばりばりこなす人のほうが、実力以下の不当な待遇を受けやすいのかもしれません。

しかし、定年後に独立する場合はどうでしょう。本来、人は失敗から多く学びます。サラリーマン時代、懸命に働いても思うようにいかず、数々の失敗を重ねた人のほうが成功者よりたくさんのことを学んでいると思います。ずる賢《がしこ》い同僚やおべんちゃらを並べる後輩が上層部からもてはやされるのを見てきた人なら、仕事だけではなく人間観察にも磨きがかかっているはずです。

サラリーマン生活で体験した辛《つら》さや悔しい思いは、定年を迎えるその日になっても払拭《ふっしょく》できないままかもしれません。しかし、辛い体験、悔しい思いをした分、人間として深みを増しているはずです。定年後に自分ひとりで仕事をするようになれば、その人間味が仕事相手の信頼を得ることにつながるのではないでしょうか。

実力の面では、独立すれば自分の力がそのまま会社の利益、ひいては自分の利益につながります。会社組織の中では境遇に恵まれず、うまく自分の力を出しきれなかった人にとっては、真の実力を発揮するチャンスなのです。

逆に、上司に取り入って、あるいは人を蹴落《けお》として出世した人は、個人で起業したときはたと困ると思います。長い年月をかけて彼らが磨いてきたのは、仕事の実力ではなく出世の仕方であるからです。その過程で覚えたゴマすりは、１回ぐらいなら新しい仕事で役立つかもしれません。しかし世の中は、実力もないくせに口先だけで仕事をする人が永遠にいい目を見るほど甘くないのです。

往々にして、村社会でうまく立ち回れた人が村の外へ一歩出ると生きていけず、村の中では外《はず》れ者だった人が村の外へ出たとたん能力を発揮します。その意味で、会社で不遇を託《かこ》ちながらも実直にサラリーマン生活を勤め上げた人ほど、定年後の個人起業で成功する確率は高いと思うのです。

定年時は個人起業適齢期

さて、では実際定年後に個人起業している人はどのくらいいるのでしょう。日本政策金融公庫総合研究所の調査（2010年度新規開業実態調査）によると、この20年間で熟年起業者の割合は4倍近く伸びています（左ページの図参照）。

調査は平成21年（2009年）4月から9月にかけて日本政策金融公庫国民生活事業が融資した企業のうち、融資した時点で開業から1年以内の企業6235件を対象に行なわれました。資本金や創業時の従業員数など調査項目は多岐《たき》にわたりますが、このうち平成22年（2010年）の起業者の年齢を見ると、60歳以上は7・7%。平成3年（1991年）に行なわれた同じ調査では、60歳以上の起業者は2・2%でした。

ちなみに50歳以上という括《くく》りで調査結果を見直すと、平成3年には11・5%だった数字が平成22年には26・6%まで跳《は》ね上がっています。長年蓄《たくわ》えた実力を自分の会社で活《い》かそうという人が増えている、と言えるのではないでしょうか。

先ほど個人起業にはリスクが少ないと述べましたが、当然ながら多少のリスクはあります。しかし、40年近くもキャリアを積めば、自分で責任が取れるリスクの範囲も頭のコンピュータに自然と組み込まれていることでしょう。

新しく事業を開業した時の創業者の年齢

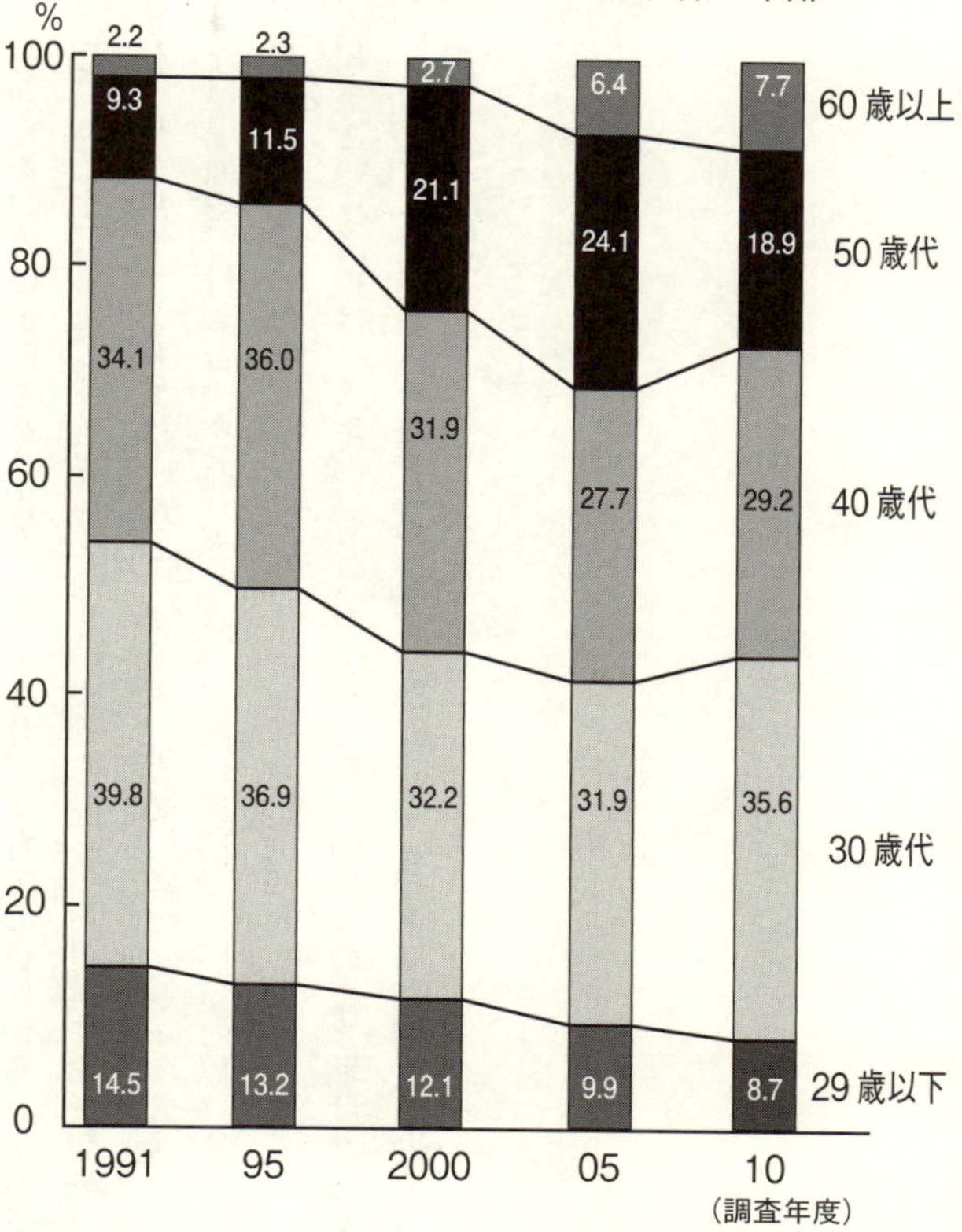

出所：日本政策金融公庫総合研究所「2010年度新規開業実態調査」
(平成22年12月21日発表)

定年を迎える頃には子供もある程度大きくなり、子育ての責任からも解放されている人が多いと思います。また、うるさい上司もいませんから、お世辞《せじ》やお愛想を言う必要もありません。サラリーマン時代は「出世」のためではなくても、上司に意見を合わせなくてはいけない場面や、付き合いを断りきれない局面に遭遇していると思いますが、もう誰にも気を遣わなくていいのです。

個人起業という選択は、人生の第2ステージで自分の思いのまま羽ばたける可能性に満ちています。定年を迎えるそのとき、あなたは同時に「起業適齢期」を迎えるわけです。

コーヒー・ブレイク❷

意外と知られていない「働いてももらえる雇用保険」の存在

雇用保険というと一般に失業時にもらえる失業手当を思い浮かべます。しかし「働いていてももらえる雇用保険」があります。「高年齢雇用継続給付」です。

この制度の目的は定年後に再就職して賃金が大幅に低下した場合に、その低下分を一部補うことにあります。対象となるのは60歳以上65歳未満の人で、再雇用されて現役時代と同じ会社で働きつづけたり、他社に再就職したりする場合、一定の条件を満たすと、60歳以降の賃金額の最大15％相当額を給付金として受給できます。

たとえば定年時（60歳到達時）の給与が40万円で再雇用後の賃金額が月給24万円だとすると、24万円の15％である3万6０００円が最大5年間にわたって支給されることになるのです。

この制度の目的は高年齢で雇用される人の賃金の大幅な低下を補うことにあります。したがって賃金が大幅に低下しない人には支給されません。具体的には、①新しい給与が定年時（60歳到達時）の給与の75％未満に低下していることが条件となります。

たとえばすでに述べた例のように定年時給与が40万円で、再雇用先の月給が24万円とすれば、この水準は定年時給与の60％にあたりますから、支給条件を満たしています。なお月給の15％という支給率はもっとも高い支給率であり、賃金が60歳到達時の61％以下に下がったときに適用される支給率です。給与低下率が大きいほど支給率は高くなる（最大支給率15％）関係にあります。たとえば定年時40万円の給与の人が再就職で月給28万円になった場合、もとの給与の70％の水準に下がったことになりますので、適用される支給率は4・67％にしかなりません。すなわち28万円の4・67％である1万3076円しか支給されません。なお②60歳到達時の賃金月額が一定水準（上限額）を超える場合には、その上限額を60歳到達時の賃金とみなして計算します。

この「一定水準」（60歳到達時の賃金月額の上限額）については給与の変動率などをもとに毎年定められていますが、平成22年8月～平成23年7月の上限は43万6200円。60歳到達時の賃金がこの水準を超える場合は、これを43万6200円とみなして、「高年齢雇用継続給付」の支給額を計算します。

（注1）２００７年10月12日付　山口新聞「暮らしの広場」欄。当欄に掲載されたアンケートは有効回答数４９５件。このうち離婚経験のある女性に対しての「妻と夫、どちらの方から離婚を言い出したか」の問いに対して、「妻が言い出した」とする割合は40代で75%、50歳以上で１００%に上った。

（注2）２００９年１年間の平均。総務省統計局。

第3章　定年後の個人事業の実際

中高年が絶対してはいけないこと――「借金」

この章では個人事業の具体的な起業例を紹介していきますが、その前に「絶対にやってはいけないこと」について触れたいと思います。定年後の起業を真剣に考える人にとって絶対のタブー、それは「借金」です。

若い人なら、お金を借りて何か行動を起こすことにも、それなりの意味があります。たとえば、念願のマイホームを会社から通える範囲内のところに建てるなどという場合。マイホームを手に入れたという達成感と、しっかり働いてローンを返済しようという責任感から、気合を入れて仕事に打ち込めるようになったという人が少なくありません。

何より給料はこれからまだ伸びていきますから、返済もさほどは負担にならず、かえって「いい環境を手に入れたのだから家族のためにも頑張ってもっといい仕事をしよう」という励みにもなるでしょう。若い頃の住宅ローンなどの前向きの借金は、より多くの給料を稼ぐため、より良い仕事をするための原動力にもなるのです。

ところが40代も後半になってくると、給料は若い頃より増えてはいますが、その先の伸びはあまり見込めないうえ、子供の学費などで家計もけっして楽ではありません。こんな時期に借金をしてしまうと、定年後に必要な退職金や年金で返済することになり、負のス

実質金利と名目金利の関係

$$実質金利=\frac{1+名目金利}{1+インフレ率}-1$$

すなわち：

実質金利＝（1＋名目金利）÷（1＋インフレ率）－1

パイラルになる恐れがあります。

とりわけデフレ時代の借金は絶対に禁物です。デフレ時代にはたとえ金利が1％でも、実質金利は時としてその3倍になってしまいます。どういうことなのか、もう少し説明しましょう。

一般に「金利」という場合、名目金利を意味します。名目金利とは、たとえば銀行に提示してある金利のことです。

もしこれが1％なら、100万円を定期預金にしても満期時に1％しか利息がつかないので「なんでこんなに金利が安いんだ！」と思う人が多いと思います。しかしデフレの時代、物価は着実に下がっていきます。現状を見ればお分かりでしょう。

洋服や靴など身の回り品、ハンバーグや立ち食いうどん、居酒屋の料金まで、このところずいぶん安くなっていませんか？　１００万円の定期預金が1年後に１０１万円となって戻ってきたとしても、実際のお金の価値は名目的な１０１万円以上に上がっています。なぜならそのとき物価が下がっていて、同じ１０１万円でも、買えるものの量が1年前より増えているからです。これを実質金利と言います。

ごく単純化して言えば、名目金利が１％と低くても、ものが安くてインフレ率がマイナス2％ならば、実質金利は「名目金利」マイナス「インフレ率」で概算値が求められますから、３％になるわけです。

正確にはこの関係は１２５ページのような式で求められます。

すなわち名目金利が１％、インフレ率がマイナス2％のときの実質金利の概算値は３％と説明しましたが、厳密には実質金利は次のように３・06％と求められます。


（1＋名目金利0・01）÷（1＋インフレ率▲0・02）マイナス１＝3・06％（実質金利）

お金を預けるときも借りるときも、名目金利より実質金利を考えることが大事です。デフレの時に名目金利１％で１００万円を5年間借りたら返済額は１０５万円ですが、そのときの105万円は現在の105万円よりずっと価値が上がっていますから、返すのに苦労します。「デフレ時代に借金をするな」というのは、まさにこの意味なのです。

繰り返しますが、本書で提案する定年後の個人起業は、年金だけでは足りない生活費を補うのがいちばん大きな目的。ですから金利がどうであれ、借金してまで始めるものではないことを、もう一度認識してください。

無借金で始める個人起業例

さて、ではサラリーマン時代のキャリアを活《い》かした個人起業の典型例をいくつかご紹介しましょう。

・営業会社

サラリーマン時代、長年不動産会社でマンション販売に携《たずさ》わっていた大島さんは、定年後会社を作り、以前と同じくマンションの販売を行なっています。以前勤めていた会社と契約を結び、歩合制で販売業務を請け負っているのです。1億円のマンションを売ると、500万円ほどの収入につながります。大島さんの個人会社はまだスタートしたばかり。まずは昔自分がマンションを売った人たちの中から富裕層をピックアップして「セカンドハウスや賃貸用にもうひと物件いかがですか」と、営業活動に励んでいます。今後業務が順調に進んでいけば、元いた会社からだけではなく他社からも販売用物件を回してもらうことを考えています。

・金融コンサルタント

大学卒業後2つの証券会社に勤め、平成22年に定年退職した加藤さんは、ファイナンシャル・プランナーの資格を取って、個人の顧客相手に金融関連の相談にのっています。資格は在職中に取得し、退職とほぼ同時に自宅の書斎に1本専用電話を引き、金融コンサルタントの名刺を作りました。今では時としてマネー専門誌にコラム記事を書いたりすることもあります。

50代半ばから計画していたとおり、加藤さんにとっては退職の日が新しい仕事のスタート日となりました。退職のあいさつ状には、個人で起業したお知らせと新しい名刺も同封しました。

・塾経営

現在千葉県のある市でちょっとした人気塾講師になっている木村さんは、元公立小学校の教師でした。定年後に自宅で算数と理科の塾を開いたところ、分かりやすい教え方が評判を呼び、今は駅前ビルの一室を借りて規模を拡大しています。

「小学校教員時代は校長や教頭の教育方針に縛《しば》られ、自分が理想とする授業ができませんでした。今は自分が思うまま自由に生徒の才能を伸ばせるので、教員時代よりやりがいを感じています」

国語や英語の講師を雇って塾を運営する経営者、そして現役の人気講師として忙しい日々を送る木村さんは、こう言っています。

・インテリア・コーディネーター

住宅メーカーを定年退職した倉沢さんは、定年後インテリア・コーディネーターとして賃貸マンションの一室に小さなオフィスを構えました。サラリーマン時代、インテリア商材の発注を長年担当したことからインテリア全般に興味をもち、社員時代にインテリア・コーディネーターの資格を取っていたのです。当初は以前自分が勤めていた会社から仕事を回してもらっていましたが、今では建築事務所や工務店、個人を含め複数の顧客をもっています。

・水産物輸入会社

アジアやアフリカを中心に海外から水産物を輸入する会社を営んでいる児島さんは、元貿易商社の社員。サラリーマン時代、海老《えび》を輸出していたインド人などと親しい関係を築き、退職後そのコネクションを活《い》かして会社を興《おこ》したのです。卸す先もサラリーマン時代から付き合いがあった会社なので、順調なスタートが切れました。

その後、自らアフリカやアジアの奥地に足を運び、新しい取引先も開拓している児島さん。無借金でごく小規模な取引から始めました。

「毎日の外国為替の動きにもかなり気を遣っています。人は雇わず、輸入関係の事務処理も全部自分ひとりでやっています」

3年経《た》った今ではかなり規模を拡大していると言います。

以上はほんの一例です。１００人の定年退職者がいれば、１００通りの新しい仕事が生まれる可能性があります。定年間近になって焦《あせ》らないよう、少なくとも50代の半ばまでには退職後の起業について考えておくことをお勧めします。

少ない資金で初めの半年に勝負をかける

「借金ゼロの起業」

これが定年後に会社を始めるときの基本ですが、スタート資金はどのくらい見積もればいいのでしょう。

第2章でもご紹介した日本政策金融公庫総合研究所の調査結果を見てみましょう。この調査は平成21年（２００９年）4月から9月にかけて日本政策金融公庫国民生活事業が融資した企業のうち、融資した時点で開業1年以内の企業６２３５件を対象に行なわれました。これらの企業のうち、66％は開業資金が１０００万円未満でした。５００万円未満の企業も38％あります（１３３ページの図参照）。

繰り返しますがこれは日本政策金融公庫国民生活事業が実際に融資した企業を対象にしたデータです。したがって、借金せずに小規模で始める個人起業なら、これよりもさらに少ない金額でスタートすることを目標とすべきです。

たとえば、退職金の中から300万円なり400万円なりを起業資金とします。オフィスを構えず従業員も雇わない形のスタートでも、会社設立を知らせる営業用のあいさつ状やPRのチラシ、名刺制作など、開業時にはそれなりの支出があるのです。それに、初めの2~3カ月はなかなか売上が上がらないことも覚悟しなければなりません。

スタート後の半年間の資金計画をあらかじめ作ってから、事業をスタートさせましょう。もし事前の計画と異なってしまって、半年あるいは1年つづけても黒字にならなかったら、その時点で会社をたたむことを考えたほうが身のためです。

「最初の半年がいちばんむずかしい」

起業した人たちにたずねたところ、こう答える人がたくさんいました。これを踏まえて、最初の6カ月間は会社組織にしないまま「個人事業」として仕事を始めるのも1つの方法だと思います。これで半年後に収入が支出を上回ったら、その時点で会社を作って「個人起業」にすればいいのです。半年後に黒字化していれば、あとは軌道に乗ってうまく回転していく率が高くなります。

私がいろいろな企業の立ち上がりを見てきた経験からすると、個人の場合、スタートしてから1年経っても月次ベースの収支（これを月次損益と言います）が黒字化しない場合

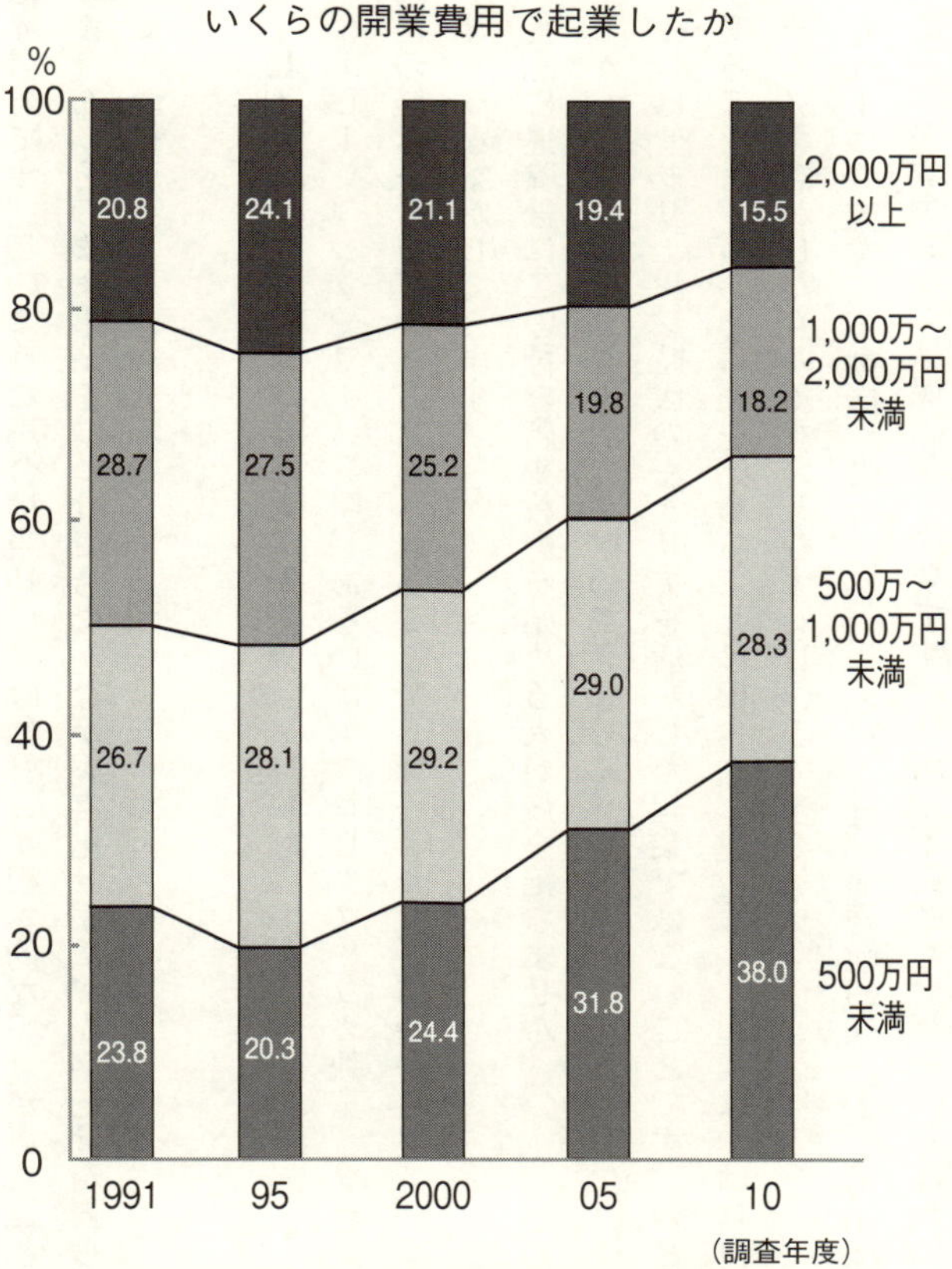

出所：日本政策金融公庫総合研究所「2010 年度新規開業実態調査」
（平成 22 年 12 月 21 日発表）

は赤信号です。このような場合は当初の計画にどこか根本的な誤りがあることが少なくありません。そのまま事業をつづけてもなかなか黒字化せずに、赤字だけが膨《ふく》らんでいってしまいます。

コーヒーショップを経営することの問題点

コーヒーショップやラーメン屋、あるいはエアロビクスやヨガ教室、フラワーショップなどの経営を考えている方もおられることでしょう。たしかに傍《はた》から見ていると自分でもできそうな気がしてきます。

実際に退職後にこの種の店や教室を始める人が後《あと》を絶《た》ちません。

しかし、2つの大きな理由でお勧めできません。

1つはサラリーマン時代のキャリアを活《い》かした起業ではないことです。客としてなじみがあることと、新しく事業を始めることは根本的に違います。起業はやはり自分の強み、キャリアを活かしたものでないとむずかしいのです。

もう1つ。商業用不動産を借りて経営する場合は、通常契約時に家賃の10倍（時として15倍）もの敷金もしくは保証金が必要です。住居用不動産を借りるのとはわけが違うのです。どうしても初期投資額が膨らんでしまいます。リスクの大きな起業であり、失敗すれば退職金が飛んでしまうことにもなりかねません。

たとえあなたに「客としてのなじみ以上の知見」があったとしても、教室や店などの経営は、できれば最初は自宅の一角を使ってスタートさせたいものです。それがむずかしい場合は、敷金もしくは保証金がさほど必要とされない物件を探しましょう。最近では住宅用賃貸不動産で事務所使用可とするところも、多く出回るようになっています。また店舗物件でも丹念に見ていくと敷金・保証金がそれほどかからない物件もまれにあります。そういった先で少ない資金で始めるのが定年後起業のポイントです。

「最初の店を成功させるまでがいちばん大変でした。最初の店で苦労を全部経験したので、2店舗め、3店舗めの壁は何とか乗り越えられました。そのあと店が5店舗になったところでフランチャイズ展開を考えました」

これは上場会社で、ある飲食店をチェーン展開する会社を創業した社長の言葉です。ゼロから出発し「年商数百億円」という会社を作り上げた社長でさえ、「苦労のすべては最初の店でした」と言っているのです。

定年後に始める「最初のコーヒーショップ」が、あなたにとっていかにむずかしいかがお分かりいただけたでしょうか。

50代でマクドナルドを創業したセールスマン

そうは言っても50代で飲食店を創業し、これを世界的なチェーンにまで育て上げた人もいます。けっして誰にでもできることではありませんが、アメリカでの実例をご紹介しましょう。

ミルクシェイク用のミキサーをセールスしていた男性が、あるときカリフォルニア州のハンバーガーショップを訪れました。兄弟が経営するその店では、まるで車の生産ラインのように調理器具が並べられ、ハンバーガーも飲み物もひじょうに効率よく作られていました。シンプルなメニュー構成と調理手順、そしてセルフサービスが導入された革新的なレストラン。これを目《ま》の当たりにしたセールスマンはいたく感動し、ショップのオーナーに同じような店を何店か開き、チェーン展開したらどうかと提案したのです。セールスマンの名前はレイモンド・A・クロック、ショップのオーナーはマクドナルド兄弟。そう、これが世界的なハンバーガーチェーン、マクドナルドの始まりでした。

このとき、チェーン店の創業者に当たるクロックは52歳。１９５４年の出来事ですから、今で言えば60歳以上の人が起業したようなものです。

起業に年齢は関係ありません。いや、クロックがマクドナルドの店で「これだ！」とひらめいたのは、長年セールスマンとして多くのハンバーガーショップを見ていたおかげでしょう。だとすれば、定年世代の起業家のほうが、「成功」の匂《にお》いを嗅《か》ぎ分ける能力に優《すぐ》れていることになります。

ちなみにクロックは１９８４年1月に81歳で亡《な》くなりました。このとき私はちょうど30歳で日本興業銀行（興銀）のシカゴ駐在員事務所の駐在員をしていました。マクドナルドの本社はシカゴの郊外にあり、興銀と取引がありました。当時クロックはマクドナルド社のシニア・チェアマンの地位にあったのです。

訃報《ふほう》を耳にし、すぐにマクドナルド本社の財務担当副社長に電話を入れ、弔意《ちょうい》を表わしました。

「日本の習慣だと告別式に出席し供花《きょうか》や香典《こうでん》の手配をさせて頂くのですが……」

こう話すと副社長は答えました。

「あなたたちのお気持ちは大変ありがたくちょうだいしたい。レイが亡くなったことはわれわれ全員にとって大きな悲しみだ。日本の習慣はよく知らないが、もしそういった気持ちが興銀にあるなら○○財団（ファウンデーション）あてに寄付をしていただけるとありがたい。それが故人の遺志である」

こう言われて財団宛にチェック《小切手》を切ったのを思い出します。

70歳でヘッジファンドを起業した証券マン

もうひとり、アメリカ人の熟年起業家を紹介しましょう。バートン・ビッグス、70歳にしてヘッジファンドを立ち上げた兵《つわもの》です。

ビッグスは元モルガンスタンレーのパートナーで、同時に英国のサッチャー元首相と肩を並べて投資顧問会社タイガーマネージメントの取締役に就任していたこともあります。CNBCテレビの経済・ビジネス専門番組にも数多く出演する有名人でもあり、巨万の富を稼いだアメリカン・ドリームの体現者でもあります。

富も社会的な地位も築いたビッグスには、「悠々自適」どころか「世にも優雅なリタイヤ生活」が約束されていました。しかし彼は70歳にしてモルガンスタンレーを退社し、ヘッジファンドを立ち上げる決意をしたのです。

資金集めのため、ビッグスは自ら全米中を奔走しますが、意外にも機関投資家や富裕層から断わられつづけます。それでもめげず、自分の孫のような歳《とし》の投資家を相手にプレゼンテーションをしつづけ、2億7000万ドルを掻《か》き集めました。これに自己資金、モルガンスタンレーからの出資金をプラスし、3億9000万ドルでファンドはスタートにこぎつけたのです。2003年6月のことでした。

構えたオフィスはビルの4階で、薄暗く汚れた部屋でした。モルガンスタンレー時代の高層ビルの大きく清潔なオフィスとは雲泥《うんでい》の差ですが、それでもビッグスは「窓を開けて外の空気を吸える」ことに満足していたそうです。

創立から1年も経《た》たない頃、ビッグスは原油の空売りで一文無しになる危機に瀕《ひん》しました。原油価格の下落を予想した彼が1バレル40ドルで原油を空売りしたところ、2カ月後に48ドルまで上がってしまったのです。ビッグスの大損は、ニューヨークタイムズにも掲載されました。

このあとの顚末《てんまつ》を知りたい方は、ビッグスの著書『ヘッジファンドの懲《こ》りない人たち』(日本経済新聞出版社）をご一読ください。

ビッグスの飽《あ》くなきチャレンジ精神や、お金を稼ぐことへの執着心は、並みの人間には備わっていません。しかし、70歳でヘッジファンドを始めたとき、彼の心のなかにはこんな気持ちもあったと思います。

「このままリタイヤして一生を終えたくない」

「ずっと現役で仕事を楽しみたい」

定年後にささやかな起業を計画しているあなたにも、同じ思いがあるのではないでしょうか。規模の大小にかかわらず、熟年起業家にはこの気持ちがいちばん大切なのです。

「社長になりたい」だけでは意味がない

いかに失敗するリスクを減らすか、定年後の起業にはこれがひじょうに重要です。普通の人は、マクドナルドのクロックやヘッジファンドを立ち上げたビッグスのような成功を狙ってもなかなか同じようにはいきません。彼らの成功物語からは「元気」だけをもらうことにして、われわれはもっと着実な退職後の「小遣い稼ぎ」の起業を目指しましょう。

地道な小遣い稼ぎを狙うのであれば、失敗しないことを心がけることがポイントです。

残念なことに、小規模に始める「個人起業」にも数多くの失敗例があります。経営コンサルタントとして私は数多くの失敗者を目の当たりにし、いくつもの失敗談を聞きました。

事業の成功理由は、なかなかひと言では語れません。創業者の人柄や個性、他人との付き合い方、展開の工夫やアイデア、そのときどきの運など、いくつもの要素が重なるからです。しかし、事業失敗の理由は、ほとんど次のひと言に集約できます。

「見栄を張ったから」

見栄の中で代表的なものは、「社長になりたい」ではないでしょうか。初めにやりたい事業ありきではなく、社長の肩書が欲しいために起業する人はひじょうに多いと思います。「これであなたも社長になれる」風なタイトルやサブタイトルが付いた本が、山ほど出版されているのがその証拠です。

社長になりたいという思い自体は、別に悪くありません。しかし、そう思ったらもう一段階考えを進めて、自分に質問してください。

――なぜ社長になりたいのか――

ステータス・シンボルと思うから？　社会的に尊敬されると思うから？　社長と呼ばれたいから？　社長という響きがかっこいいから？　部下を自由に使えるから？　楽ができ

そうだから？

——誰のために社長になりたいのか——

会社や学校の同期会で自慢したいから？　妻にいいところを見せたいから？　両親が喜ぶから？　銀座のクラブなどの女性にもてるから？　自分を虐《しいた》げた人たちに復讐《ふくしゅう》したいから？

さらにもう1つ、これを考えてみましょう。

——自分は、「社長」という肩書だけで他人を尊敬したり信頼できるか——

突き詰めて考えてみると、社長の肩書をもつことにはたいした意味がないことがお分かりいただけると思います。

ついでながら、「ＮＰＯ」の欧文3文字も、定年退職者には相当な人気です。この3文字を印刷した名刺をもつ熟年者も、とても増えてきました。しかし、心からその活動に意義を感じて携《たずさ》わっている人だけではなくて、ある種の見栄でNPOの文字を欲した人もいるようです。もし形だけのNPO参加だとしたら、真剣に取り組んでいる若者にとってはいい迷惑でしょう。

ともあれ大事なのは肩書ではなく、「この仕事がしたい」という意欲です。長年仕事をこなしていくうち、「これが好きだ」「これなら人に負けない」と思うものを誰しもみんな見つけていると思います。しかし、会社の中では自分の好きなことだけやるわけにはいきません。

サラリーマンとして会社に勤めている間、我慢してきたことも多いと思います。職務上の規則を守り、社内や得意先企業の人との人間関係を悪くしないよう、窮屈な思いで過ごすのがサラリーマン人生です。

しかし、定年後自分で始める仕事には、窮屈さはありません。自分の気持ちと素直に向き合い、思うまま自分の得意分野で実力を試《ため》せるのです。そこからは肩書でなく、自分の「顔」が名刺代わり。もし仕事相手に見栄を張りたいなら、肩書を立派にするより実力と人柄を磨くことです。

バーチャルオフィスで家賃と人件費を抑える

独立したら都心にしゃれたオフィスを構えたい、秘書も雇いたい――これもひじょうに多く見られる見栄です。「社長になりたい」という見栄には経費がかかりませんが、こちらはお金がかかる分やっかいで、失敗の確率がかなり大きくなってしまいます。

じつは、大企業である程度の地位まで上り詰めた人、あるいは高級官僚などが、これで失敗するケースが少なくありません。通勤も仕事の移動もハイヤーが付き、周囲からちやほやされて高級料亭からゴルフまで接待漬けの生活を送っているうち、感覚がマヒしてしまうのです。

彼らは定年退職後、えてして都心の一等地に広いオフィスを構え、内装も備品も贅《ぜい》を尽くします。職種はコンサルタント業などが多く、秘書は必ず雇うものと思っているようです。大型高級車と運転手も、やはり手元に置きます。

稼ぐ前から家賃と車のリース代、人件費にお金をつぎ込んでいるうえ、多くの場合仕事にはたいして実体がありません。常識で考えれば失敗するのは火を見るより明らかですが、自分を「特権階級」だと思い込んでいるので、それを見抜くこともできないのです。

ちなみにこうした失敗例は日本人に特徴的で、アメリカではほとんど見られません。アメリカ人はたとえ大企業の役員クラスまで上り詰めたとしても、運転手つきの車などに乗らず、自ら運転するか電車で通勤するのが一般的です。私がシカゴに駐在していたとき、米国中西部最大の銀行の頭取と毎朝のように通勤電車で一緒になりました。

アメリカのビジネス・エリートたちは高級車は買うかもしれませんが、日本人ほど生活感覚がマヒすることはないと思います。政治家にしても企業の重役にしても、引退後に見栄を張るために起業することもなく、自分の好きなことをしている人が多数派です。

話を日本に戻すと、組織の中で高い地位を得た人でも見栄を張れば失敗につながります。平均的なサラリーマンが個人起業するときにも、従業員やオフィスはコストが嵩《かさ》むだけで必要ないケースがほとんどです。

ちなみに、日本政策金融公庫総合研究所の平成22年度の新規開業実態調査を見てみます。前にもご紹介したとおりこの調査は、日本政策金融公庫国民生活事業の融資先で開業後1年以内の企業6235社を対象に行なったものですが、半数の企業が「従業員は2人以下である」と答えています。無借金で独立する個人起業なら、なおさらのこと初めは自分ひとりで充分なはずです。

オフィスだけはどうしても必要という場合は、都心を避けて家賃の安い郊外で起業するか、自宅の一角を利用する方法もあります。

「せっかく会社組織にしたのだから、名刺には自宅以外の住所を刷《す》りたい」

「自宅の住所を名刺に刷って仕事関係の人たちに配ることには、妻の抵抗が大きい」

こう言う方も大勢おられると思いますが、それならバーチャルオフィスを活用することを検討しても良いかもしれません。実際には入居せず、住所や電話番号だけを借りたり、秘書が電話対応してくれるなどのサービスを受けられるのがバーチャルオフィスです。

ネットでバーチャルオフィスを検索すると、たとえば首都圏の場合、丸の内、大手町、六本木、青山、表参道など、多くのバーチャルオフィス企業が都心に拠点を構えているのが分かります。バーチャルオフィスを運営する会社は、オフィスとしての価値が高い場所にあるビルのワンフロアを所有し、さまざまなサービスを提供しているのです。

1カ月1万円~2万円程度で住所、電話番号、秘書応答サービス、郵便物転送サービスなどを提供するのが一般的なコース。必要なときは1時間5000円ほどで会議室を借り、顧客とオフィスで商談することも可能です。またメールボックスを借りるだけなら、月2000円ぐらいですむところもあります。

実際はそこに自分のオフィスはないのに、名刺にその住所を印刷してあたかも都心の一等地にオフィスを構えているふりをする――その意味ではバーチャルオフィスも「見栄」のうちかもしれません。相手に誤解を与えてビジネスを行なうという側面もあり、バーチャルオフィスの利用は必ずしも積極的に勧められるものではありません。

名刺を渡す際には、ひとこと「バーチャルオフィスです」とコメントしたうえで相手方に渡すのが良心的だと思います。

人気を呼んだ「ちゃんこ鍋」店は、なぜ倒産したか

行列のできるお店や、数カ月待たないと予約が取れない店などが、メディアでしばしば紹介されています。しかし、そうした人気店が数年後どうなっているかフォローしたことがありますか？　一時期爆発的な人気を呼んだ店でも、じつは数年すると倒産してしまっていることが少なくありません。たとえば、かつて国民的な人気を誇った元横綱のちゃんこ鍋屋も、大人気を博《はく》した後、つぶれてしまいました。

いったいなぜ、こんな現象が起きるのでしょう。

かつて「経営とは連続性である」との至言《しげん》をはいた経営者がいましたが、一過性の人気を博することと、それを繰り返し実践し連続できることはまったく別のことです。

個数を絞って安く売り、メディアで宣伝すれば行列ができるのは当たり前です。最近ではPRエージェントと称する人たちの活躍も目を引くようになりました。彼らは、新聞・雑誌の記事やテレビの番組で取り上げてもらうよう、顧客から手数料をもらってメディアに対して専門的な働きかけを行なうのです。

「流行《はや》っている」ことの裏にある「何か」を嗅《か》ぎ分けてみてください。行列している人たちがじつはサクラのバイトだとか、PRエージェントが仕掛けたものであるとか、採算を度外視して値段設定したものであるとか、小手先によって流行っていることはないでしょうか。

さらに付け加えると、たとえあなたの会社やお店が本当に「流行っている何か」を作り出したとしても、競争相手や新規の業者が参入してきて、あっという間《ま》に超過利潤がなくなる――これが現在の競争社会の現実です。

「現金は干し草の中で育つ」

かつて私がロンドンで面談した著名なヘッジファンド・マネージャー、ニコラス・ロディッティは、こんな表現をしています。有力なヘッジファンドが目立つ動きをすると、多くの人が追従してしまうため、儲けが遠ざかってしまいます。だからこそ、目立たないように、大事なものは干し草の中で育てると言うのです。「流行るビジネス」を作り出そうとすると、たとえ成功したとしても結局は大手の目に触れて、つぶされてしまいます。

繰り返しますが、定年後の個人起業家が目指すべきは、「流行る」事業ではありません。一過性のものを追っても、しょせん先行きは知れています。それよりも「収益を上げつづけることができる仕組み」を作り出すように努めましょう。

１２９ページでご紹介した人気塾講師の木村さん。彼は長年の教員としての経験から、世間で評判となっている塾の多くは、じつは、トップクラスの生徒だけを対象としたものであることに気がつき、このことに強烈な問題意識を持っていました。

御三家と言われる有名中学に入るような生徒は、どこの塾でも広告塔になってくれるので、一生懸命指導します。一方で９割方を占める、その他大勢の生徒たちには、同じような熱意をもって指導が行なわれていないのです。

そういった問題意識を持っていた木村さんは有名進学校への進学実績を誇るよりも、一人ひとりを「より高いレベル」に導くことを念頭に熱心な指導を心がけ、それが少しずつ地元の親たちの間に評判となって広がっていきました。これは一過性のものとは無縁ですし、なかなか競争相手が真似をして新規参入できるものでもありません。

自分にとっての強みは何か。キャリアもあり経験も積んだ、定年後の個人起業家は、冷静にこの問いに答えることからビジネスをスタートさせたいものです。

「朝令暮改」が個人起業の強み

世の中の流れは速く、今朝の常識が夕刻には覆《くつがえ》っていることも珍しくありません。じつはこんなとき、小回りが利《き》くのが小規模な会社なのです。

「うちの社長は言うことが年中変わる。一貫性がなく、ついて行くのが大変なんです」

大企業からベンチャー企業の企画部長に転身した人から、こんな愚痴《ぐち》を聞いたことがあります。しかし、これは当たり前です。スタートしたばかりの小さな会社の主《あるじ》が、いかにして生き残っていくか24時間考えていれば、考えがころころ変わるのも無理はありません。逆に言えば、そのことが理解できない企画部長は、細かいターンができない大企業のやり方が抜けていないのでしょう。

組織が大きくなればなるほど決定は遅く、一度決定したことは絶対に守らなければいけないという「病《やまい》」に陥《おちい》りがちです。だからこそ、個人起業に意義も勝ち目もあるのです。新鮮な情報を自らキャッチし、社会や業界の流れにうまく乗るためには、いつでもどこでも方向転換できる柔軟性が必要です。誰に遠慮することなく、自由に自分自身の会社を羽ばたかせてください。

コーヒー・ブレイク③

ＪＲのグリーン車が指定席以下で——定年後のマル得情報

定年退職後のシニアライフ。経済的に余裕がなくなるからこそ、知っていれば助かるのが数々の「お得情報」です。代表的なシニア割引サービスをご紹介しましょう。

①　ＪＲのシニア割引

男性65歳以上、女性60歳以上ならば、年会費３６７０円で、ＪＲの「ジパング倶楽部」会員になれます。２０１キロメートル以上の全ＪＲのキップが2～3割引で購入できます（年間20回まで。4回目から3割引に）。夫婦での入会はどちらかが65歳以上ならＯＫで、年会費は2人で６１２０円。類似のサービスに「大人の休日倶楽部ジパング」、「大人の休日倶楽部ミドル」、「フルムーン夫婦グリーンパス」など。

②　飛行機のシルバー割引

全日空「シニア65割引」、「シニア空割」など。シニア空割の場合、搭乗日当日の空席を利用して、日本全国どこでも1万2000円などの料金で搭乗できます（年末・年始など特定の日は平常より高くなります）。サービス内容は変更になる場合がありますので、利用前にネットなどでご確認ください。JALも「当日シルバー割引」、「シルバー割引」などの料金を設定しています。

③　有名ホテル・レストランのシニア割引

有名ホテルのレストランなどでは曜日によってシニア割引を設定しているところが多くあります。インターネットで「ホテル　レストラン　シニア割引」の3つの単語を並べて、検索をかけると数多くの事例が出てきます。

④　映画のシニア割引

全国的な劇場網を展開するTOHOシネマズをはじめとして、多くの映画館で通常1800円の入場料が60歳以上であれば1000円となります。

⑤　美術館・博物館・コンサートホール

シニア割引が設定されていることがあります。

⑥　ゴルフ

全国約130カ所のゴルフ場を管理・運営するアコーディア・ゴルフには「シニア向け共通年度会員制度」があり、会員になると平日のプレー料金が割引になります（年会費は3150円～2万1000円）。

⑦　スーパーマーケット

イオンの「ゆうゆうWAONカード」（65歳以上）は日によって5％割引となります。

第4章　無謀な個人事業にしないための7つの原則

【1】撤退のルールを決めておく

定年後の個人起業が案外簡単にできることは、すでに述べてきたとおりです。

しかし、当初の計画が甘かったり、方向性が間違っていたり、勉強不足であったり、あるいは不運が重なってうまく展開しないこともありえます。そこでこの章では、「無謀な個人起業」にならないための法則をお伝えします。

まず第一は、撤退のルールをあらかじめ決めておくということです。

万が一、事業が思うように展開しないとき、どの時点でどう自己評価し、進退を決定するか。

じつはこれがひじょうにむずかしいのです。私の周囲にも撤退の時期を逃《のが》し、損失額が嵩《かさ》んで、その結果奥さんとの関係も悪くなってしまった人がいます。

繰り返しますが個人起業する際、あらかじめ撤退のルールを作っておくことはとても大事なことです。そのためにはきちんと初期設定を行ない、常に収支を把握しておかなければなりません。立ち上げからの1つのモデルを次に記しますので、参考になさってはいかがでしょう。

（1）資本金を決める

会社を始めるとき、まず３００万円、あるいは５００万円と「資本金」を決めます。今は株式会社も1円から作れる時代ですから、資本金はほとんどなくてもかまわないのですが、「これがすべてなくなったらやめる」といった覚悟を決めるためにも、やはりある程度の資本金はあったほうがケジメになるでしょう。

会社組織にせず個人事業で始める場合にも、「これがなくなったらやめる」という意味での「資本金」相当の金額をあらかじめ決めておきます。

（2）預金口座を開設する

起業と同時に会社の預金口座を作ります。会社組織を作らず個人事業として仕事を始める場合は、普段使っている預金口座とは別の口座を設けて、資本金に相当する「初期投資額」をそこに預けることをお勧めします。事業収入はそこに入金されるように手配して、そこから生活費を既存の日常生活用口座に移す形にして管理すると、事業の採算性が見えてくるからです。

（3）会計ソフトを導入する

個人の会社では、経理も自分で管理するのが基本です。会計の知識に自信がない人も、本などで最低限の知識は身につけておくほうがいいと思います。ちなみに成功する人は数字に強く、成功している会社の社長でバランスシートが読めない人はひとりもいません。

実際の計算は、会計ソフトを利用すれば簡単です。今はさまざまなソフトが販売されていますが、小規模な事業なら「弥生」を使えば毎日の決算結果もすぐに出てくるので、ぜひ導入してください。

（4）税理士を雇う

株式会社にしても個人事業にしても、消費税などの支払いをどうするかをはじめとして、税務署にさまざまな届け出が必要です。とくに消費税の計算は、原則課税を選択するか簡易課税方式を選ぶかなど、素人《しろうと》には分かりにくいことも少なくありません。少なくとも最初の1～2年はプロに任せることをお勧めします。税理士を雇うのは大ごとと思うかもしれませんが、基本的なことは自分で行ない、自分ができないことだけ依頼すれば、さほどの料金はかからずに依頼できるはずです。紹介してくれる友人、知人がいなくても、ネットで探せます（ネット上でおおよその料金を提示している税理士もいます）。

（５）１年後に黒字転換しなければやめる

どんな事業にも初期投資（創業にかかわる経費）が必要ですし、仕事を始めてすぐに売上が上がることも現実にはなかなか期待できません。初めの数ヵ月は赤字を覚悟してください。個人起業の場合は、最初の半年間で軌道に乗せることを目指しましょう。１年経《た》っても月次ベースの損益が黒字にならなければ、その事業は「失敗」と考え、潔《いさぎよ》く撤退することをお勧めします。資本金として口座に入金した初期の投資額が0《ゼロ》になるか、１年後に月次ベースで黒字転換しなければやめる。このどちらかをルールにすれば大きな痛手にはなりません。

【2】企業倫理を遵守《じゅんしゅ》する

無謀な個人事業にしないための第2の原則は企業倫理を遵守することです。なぜこのことが「7つの原則」の2番目に来るのか、そんなに重要なのか、と怪訝《けげん》に思う方もいるでしょう。そもそも倫理上問題があることに自分が手を出すはずはない。そう思っている人も多いでしょう。

しかし倫理の問題を本章の2番目に持ってきたのは、じつはこれがひじょうに重要で、現に多くの個人事業者が躓《つまず》く原因になっているからです。

企業に勤めている間は、誰でも会社の規則に縛《しば》られて生活しています。自分では意識していないかもしれませんが、サラリーマン時代は本当の自分より「お利口」な人間を演じているのです。

定年して個人で起業すると、ある意味タガが外《はず》れた状態になりますから、倫理感があやふやになりやすいのです。

東大を出て大手銀行に入行、その後独立したエリートの公認会計士が外為FX取引にお金をつぎ込み、ついには自分が管理していた不動産ファンドのお金（約30億円！）まで不正に個人のFX取引に回して逮捕される事件も起きました（平成22年5月）。この公認会計士は30代ですが、定年起業者もふとしたはずみで躓《つまず》いたり、ブラックゾーン、グレーゾーンに足を踏み入れないともかぎりません。自ら危ないところへ近寄っていかなくても、「危険」は向こうからもやってくるのでやっかいです。

保険の代理店ビジネスで個人起業した斉藤さんに、ある日知人のTさんから電話がありました。Ｔさんが作る子会社の社長として名前だけ貸してほしい、そうしたら斉藤さんが扱う保険に入ろう、という内容でした。契約がほしい斉藤さんは一瞬承諾に傾いたのですが、思い直しました。「社長として名前だけ貸す」という話が、どう考えても怪《あや》しく思え、目先の契約より「安全」を重視したのです。もし提案を受けていたら、斉藤さんは何かのトラブルに巻き込まれたかもしれません。

若手のプログラマーと２人で携帯電話のコンテンツ会社を立ち上げた清水さんのもとには、「危ない会社」からの依頼がたびたびあります。清水さんの会社は秀《ひい》でた動画ストリーミング技術をもつため、アダルト、グラビア関連の注文がこうした会社から来るのです。

しかし清水さんはこうした注文には応じず、これらの会社とは一切取引をしていません。儲けを犠牲にしても企業倫理を守る清水さんは、現在日本の伝統芸能を携帯で海外配信するといった、社会的に意義のある仕事を開拓中です。

斉藤さん、清水さんのエピソードを裏から読めば、この社会には怪しげな儲け話が意外と転がっていることが分かります。マルチ商法、ネズミ講まがいの、「儲かるけれど法律違反すれすれ」というビジネスも少なくありません。

しかし、そうした商売でお金をよけいに儲けて、はたして楽しいでしょうか？　うまい話には必ず裏があり、行く手には落とし穴が待ち受けています。

ダーティビジネスに手を染めないよう、会社を興《おこ》すとき自分自身でその目的をよく考え、「倫理規定」を明文化しておくといいでしょう。長年のサラリーマン生活で築き上げた信用を、つまらないことで失うほどもったいないことはありません。将棋でも最後の詰めを間違えば即投了につながります。自分の人生も最後の詰めを誤らないようにしたいものです。

【3】来た話に乗らない（面談者は事前にウェブでチェックする）

2番目の法則とも関連しますが、「カモがネギを背負ってくる」ことは絶対にありません。したがって「来た話には乗らない」のも個人で事業を行なううえでの鉄則です。

逆方向から考えれば、よく分かると思います。あの会社とこういう商売をしたい、と思った場合、こちらから出向いて交渉します。そのとき考えているのは相手の利益ではなく、自分の会社にとっての利益のはずです。したがって、先方からの話を受けているだけでは、なかなか成功しないわけです。

とはいえ、会社を始めるといろいろな人がさまざまな話をもってやってきます。その場合、まず電話やメールでアプローチしてくるでしょうから、相手が知らない人なら面談の前に下調べをしましょう。今はグーグルなどの検索サイトで個人のこと、会社のこともある程度は調べることが可能ですから、大いに活用してください。来る人の姓名を入れてグーグルで検索をかけてみるのがまずは第一歩になります。

やってくる人が知人、友人の紹介である場合、たいていの人は簡単に信用してしまいます。日本人は人を信じやすいのです。しかし、人物やビジネス内容をよく知らないまま気軽に仲介する人もいますから、用心するにこしたことはありません。

かく言う私も、一度失敗しています。以前の勤め先の後輩から紹介されたSさんに投資家のYさんを紹介したのですが、Sさんの会社はとても投資に値するような会社ではなかったのです。幸い投資家のYさんは自分で必要な調査を行ない投資をしなかったので事故にはなりませんでした。しかし投資家のYさんにしてみれば「岩崎にとんでもない会社を紹介された」ということになります。たしかにこれは、後輩の紹介ということで詳しいチェックをしきれなかった私のミスでした。

「自分の会社が失敗しなかったのは、今までけっして人を信用しなかったからだ」

大手食品会社を退職後、食品輸入会社を経営している杉本さんはこう言います。

「私が起業したときは同業他社が多く、競争が熾烈《しれつ》でした。食品輸入の業界は、ルートさえつかんでいれば意外と簡単に参入できるのです。でも、同時期に起業した競争相手は2、3年のうちに多くがつぶれていきました。怪しげな誘いに手を出したのが原因です。私の会社にも多角化の誘いや投資話が山ほどきましたが、片っ端から断ったことで会社を守れました」

だまされたくない、と思う人はこの話を参考にしてください。ただし、人間は案外だまされやすいことも頭に入れておいたほうがいいでしょう。

詐欺師とFBI捜査官の攻防を描いた実話映画『キャッチ・ミー・イフ・ユー・キャン』をご覧になった方も多いと思います。この作品でレオナルド・ディカプリオが演じたのは「二十世紀最大の詐欺師」と称されるフランク・アバグネイル。パイロットから医師、法律家などになりすまし、変幻自在に人を欺《あざむ》き、逮捕後は米国政府に雇われて詐欺を見抜く側に回った人物です。

その天才詐欺師アバグネイル曰く、「絶対にだまされない、と思っている人がいちばんだまされやすい」とか。たとえば政府高官、大学の学長・総長、新聞社の論説委員、大企業の社長といった人たちです。

彼らの中には、子供時代から抜群の成績で、純粋培養のまま組織の中で出世し、社会的な地位を得た人たちも少なくありません。アバグネイルのような詐欺師にしてみれば、こうした純粋培養で育ち、世間を知らない人ほどだましやすいということになるのでしょう。そのため、普通の人なら絶対疑うM資金などのバカげた話を簡単に信じてしまうのでしょう。

たいして財産をもたない普通のサラリーマンに、天才詐欺師は興味を示しません。しかし、企業の庇護《ひご》を離れて起業すれば「カモ」と見なされます。怪《あや》しい人物は善人の顔つきで忍び寄ってきますから、おいしい話にはゆめゆめご注意ください。

【４】知らない分野に進出しない

起業は自分の得意分野、長年経験してきた仕事で、と何度か繰り返し述べてきました。それでも、まだこう考えている人はいませんか？

「20年間食べ歩いた経験を活《い》かしてラーメン屋を始めよう」

「学生時代のアルバイトで覚えたバーテンダー技術を活かし、ショットバーを開いてサラリーマンの悩みを聞いてやろう」

前章でも少しだけ触れましたが、こうした趣味の起業はほぼ間違いなく失敗します。知らない会社の株を買うとリスクが大きいのと同じです。

埼玉県でヨガ教室を始めた世良さんも、趣味を仕事にして失敗したひとりです。学生時代からヨガにはまりインドにも何度か修行に行ったことのある世良さんは、サラリーマン時代は一貫して金融関連の仕事に就《つ》いていました。かねてから退職後はヨガ教室をオープンしたいとの希望を持っていて、ついに念願かなって自宅の近くにヨガ教室を開いたのです。

しかし思ったほど人は集まりません。最初の数カ月間は学生時代のヨガ仲間やその知り合い、サラリーマン時代の後輩たちが体験入学してくれました。しかしこうした「付き合い」をベースとした売上収入は長くはつづきません。ネットで広告したり、新聞の折込み広告を自宅近所に配りましたが、反応はいま1つ。教室の不動産賃借料、電気代、電話代、インストラクターに支払うアルバイト代など諸経費だけが毎月確実に嵩《かさ》んでいきます。教室の一部をショップに改造して、海外で流行《はや》っているヨガ関連のジャージ、トレーナーなどのグッズを置いてみたのですが、これもさっぱり。計画性のない経営で4年も赤字のままつづけ、撤退したときには1000万円も費やしていました。

ラーメンにかぎって言えば、「メディアで成功例を見た」という人がいるかもしれませんが、メディアが取り上げたのは「世にもうまい出汁《だし》づくりに成功した」「行列ができるほど人気を呼んでいる」といった局面ではありませんか？　美味しくても採算は取れない、行列ができても経営は赤字というケースも多いことは、なかなかメディアは報じません。

料理人としての腕がよくても、経営能力とは関係ないのです。とりわけラーメンなどの飲食店は競争の激しい業界です。サラリーマンが参入してもまず店舗開発の部分で負けてしまいます。

立地条件のいい場所は、ラーメンや牛丼、ハンバーガー、コーヒーショップなどのチェーン店の店舗開発部隊にすぐに持っていかれてしまいます。これら大型チェーン店の店舗開発部隊は全国をくまなく歩き回り、どこの立地が空きそうか、日々新しい情報を仕入れているのです。プロたちに対抗して立地の良い場所を好条件で確保するのは、容易ではありません。

趣味や夢で知らない分野への進出を考えているあなた、今一度、自分のサラリーマン人生を振り返ってください。「これならよく知っている」「これなら人に負けない」というものがあなたにもあるはずです。

【5】1年以内の月次黒字転換を目標にする

起業しても最初の2~3カ月はなかなか売上が思うように上がりません。一方経費だけは最初の月から確実に発生していきます。とくに会社組織にする場合には創業当初に登録免許税などの諸費用や税理士に払う費用などが集中します。

定年後の個人起業にとって重要なのは損益の管理をきちんとすること。具体的には、事業を始めたその月から月ごとに入ってくる収入を把握します。そしてそこから出ていく経費を差し引き、毎月決算をしていきます（月次損益の把握）。

通常、月次損益は事業開始の最初の月に赤字が最大となり、以降、徐々《じょじょ》に赤字幅は縮小していきます。創業に伴《ともな》う経費は最初の1~2カ月に集中し、一方、売上は月を追うごとに徐々に上がっていくことが期待されるからです。

創業後、3カ月後か半年後か、どこかのタイミングで月次損益（その月の「収入」マイナス「経費」）が黒字化するようになります。売上が大きく変動する業種を除けば、いったん月次損益が黒字化すれば、多くの場合、黒字基調が維持されるようになります。

定年後の個人起業においては遅くとも1年以内に月次損益を黒字化させるように努めましょう。若い年代での起業と違って、定年後起業は時間軸を長く設定するのはむずかしく、リスクも取りづらいからです。

1年以内に月次損益を黒字化させる――そのためにも起業する前に入念に事業計画を立てることが必要です。初期費用が大きく嵩《かさ》むなど、損益の黒字化に時間がかかる事業への進出は見合わせたほうが無難です。

個人起業ですから計画の中止や変更も可能ですが、繰り返し述べてきたように、「1年以内に月次ベースで黒字がでなければやめる」ことをルールにしてみることをお勧めします。

第1項の「撤退のルールを決めておく」でも述べましたが、撤退のタイミングは誰にとってもいちばんむずかしいため、何が何でも最初に決めたことを守る、と自分に言い聞かせましょう。

話は少しそれますが、私は株式投資においても撤退のルールを作っています。買った時点から1割下がったら自動的に売る、というルールです。

こうしておかないと、たまたま今だけ悪いのだろう、今下がっているのはこの株だけじゃないので少し様子を見よう、もうちょっと持っていれば上がるだろう、などと考えて損失額を増やしかねません。半年後に見て「あれは売らなければよかった」と思うこともありますが、撤退ルールを守っていることで大損は絶対にしなくてすみます。

起業の場合もこれと同じです。資本金を使い切ったとき、あるいは1年以内に月次ベースで黒字化しないときを撤退のルールとしてください。

【6】「創業者の狂気」が自分にあるか

「うちの会長は常識を外《はず》れているんです。怒ると1時間でも人を罵倒《ばとう》しつづけるし、何か思いつくと夜中の3時4時でも平気で電話してきます。彼の頭の中には、会社を大きくすることしかないんでしょうね。すごい人だとは思いますけど、私は普通のサラリーマンなので、とてもじゃないけどついていけません」

アパレル関連企業の部長が、こう語っていました。この会社の会長は戦後の混乱期にリヤカーを引いて洋服を売り歩き、会社を大きくしていったと伝えられています。

「怒ると1時間でも部下を罵倒しつづけるし、何か思いつくと夜中の3時4時でも平気で電話してくる」――じつは一代で会社を巨大化させた経営者は、この話に出てくる会長と共通した側面をもっています。「創業者の狂気」とでも言えばいいのでしょうか、とにかく24時間事業を拡大することしか考えていません。

アップルのスティーブ・ジョブズと一緒に働いたことのある米国人が「ジョブズのような天才と働けて光栄だったが、正直ついていくのは大変だった」と語ったと聞いたこともあります。

ゼロから出発して会社を立ち上げ大きくした創業者たちは多くの場合、「創業者の狂気」とでも言うべき「何か」を持ち合わせていることが少なくありません。

一方、サラリーマン生活を無事に終え、定年後に起業する人に、こうした狂気はまずありません。ですからあまり冒険せず、自分の身の丈《たけ》に合った堅実な経営をすることが望ましいと思います。

繰り返しますが、本書で提案する定年後の個人起業は、年金だけでは足りない生活費を補うのがいちばん大きな目的。かりに定年後の起業がうまくいったとしても、有頂天になって分不相応な冒険をしてはいけません。

「創業者の狂気」を持ち合わせるような人が、おとなしくサラリーマン人生を定年まで迎えることはまずありません。自分の分にあった経営を心がけ、けっして無理な高望みをしないことです。

【7】個人起業が楽しいと思えるか

自分で計画を立てて始めた仕事なら、多少の困難に遭遇しても楽しさを感じるはずです。ましてや事業が順調に回転し始め、会社の預金通帳に次々とお金が振り込まれるようになると、がぜん仕事が面白くなり「もっと大きくしたい！」と思うことでしょう。

実際多くの定年後起業者たちが「お金を儲けることがこんなに楽しいとは今まで気がつかなかった。サラリーマン時代にはまったく想像できなかった」と話しています。

本来「お金を儲ける」ということは、人間の本能で楽しいはずです。その証《あかし》に、お金儲けをしたり宝物を探すゲームがいつの時代でも人気を呼んでいます。

自分の好きな仕事で成功することほど、幸運なことはありません。あまり欲張ると足元をすくわれそうですが、せっかく起業するなら大いに楽しむくらいの心意気が重要です。

個人起業する際の仕事選び5つの条件

最後に「個人起業する際の仕事選び5つの条件」をまとめておきます。無謀な個人事業にしないためにも、以下の内容に即した仕事になっているかどうか、もう一度考えてみてください。

①在社時からの延長線上にある仕事か

自分が知っている世界で勝負する。個人起業はこれに尽きますが、1つだけ注意点があります。サラリーマン時代の仕事は「会社」の名前と信用に裏打ちされていました。大きなプロジェクトも自分の力ではなく、会社の威力で周囲の協力が得られたと認識してください。

これに対して、定年後に新しい会社をスタートさせたら、自分ひとりの力で信頼を新たに築かなければなりません。大企業の出身者が前の会社の肩書をひけらかしても何の意味も持ちません。

「昔流行《はや》った演歌歌手」は、いまでもディナー・ショーでそれなりの客を集めることはできるかもしれませんが、しょせん「昔」とは違うのです。

むしろ昔とは違って、今でこそ感動を与えられる歌や歌い方があるはずです。

定年後の個人起業家も、熟知した業界の中で自分ならではの個性をアピールすることを心がけたいものです。

②社会性のある仕事か

定年後も仕事をつづけることには、収入が増えるということだけでなく「社会と関わっている」という喜びもあるはずです。その意味でも、倫理的に問題のあるビジネスに手を染めてはなりません。仕事内容を検討するときは、「この仕事に社会性があるか」ということも必ず考えましょう。

③自分の性格・能力に合っている仕事か

定年後はあえて自分の不得意分野にチャレンジしてみよう、と考える人もまれにいます。ミミズや虫が苦手なうえ、これまで鉢植えの植物も必ず枯らしていたのに、「故郷に帰って農業をしよう」などと思うような人です。

しかし、そんな必要があるでしょうか？　一般のサラリーマンは組織の中でいくつかの部署を回りますから、その過程で自分の得手・不得手は分かってきます。楽しく長く仕事をつづけるために、その得意なものの中から自分の性格や能力に合った仕事を選ぶことが大切です。

④妻が理解できる仕事か

ひとりで顧客に対応する個人起業では、身近にいる奥さん（女性が起業する場合は旦那《だんな》さん）がいちばんの応援者です。その大事な人が反対する仕事なら、やっても意味はありません。奥さんが反対する仕事を強行した私の知人は、そのビジネスで躓《つまず》き、奥さんとも険悪になってしまいました。

新しく起業するときは、会社名や仕事内容などを奥さんに相談することをお勧めします。主婦の感覚は思いのほか社会性に富み、鋭いものです。奥さんの意見は大いに参考になると思います。また周囲が遠慮して言わない苦言も、奥さんならズバリと言ってくれるのではないでしょうか。

⑤周囲の友人が理解できる仕事か

個人起業に当たっては、奥さんと同じように友人にも相談してみることをお勧めします。自分のことはなかなか外側から見えないので、的確なアドバイスや注意をしてくれる親友の存在はひじょうに大事です。その友人が首を傾げるようなビジネスなら、やめたほうがいいかもしれません。

コーヒー・ブレイク❹　日本の個人金融資産の8割は60歳以上が握る

「定年後の生活設計はどうなるのだろう」

「親の介護はどうしよう」

中高年にはこのように悩ましい問題が山積みですが、一方で現在の若い世代の生活もかなり厳しいものとなってきています。なんと日本の個人金融資産の8割は60歳以上によって保有されているのです。その分、若い世代はほとんど金融資産を持っていません。

総務省家計調査（平成22年10月29日発表）によると、日本の1世帯（2人以上）あたりの平均貯蓄残高（株などの有価証券を含む）は、1664万円。負債のほうは平均474万円ありますので、ネットベースの個人金融資産は1世帯あたり、1190万円となります。

これを世代ごとに見てみたのが次ページの表です。

たとえば世帯主が60歳以上の世帯数は日本全体の約45%。この45%が日本の家計部門（2人以上世帯）の貯蓄（ネットベース金融資産）全体の8割を握っています（5年前はこの数字は74％でした）。

世帯主が50歳以上の世帯が日本全体の金融資産（ネットベース）を有している割合は、じつに98％に上ります（5年前は96％）。

またたとえば世帯主が30歳代の平均金融資産残高（ネットベース）は▲138万円。5年前はこの数字は▲45万円でした。

このように日本の金融資産はますますもって中高年世代に偏在してきています。

50歳未満の世代の金融資産（負債控除後のネットベース）が少ないのは住宅ローンのためだと思われます。一方、60歳以上は、おそらくは住宅ローンを返し終え、し

世代ごとの平均貯蓄残高と金融資産の保有割合

世帯主年齢	~29歳	30~39	40~49	50~59	60~69	70~	全体
世帯分布（%）	2.6	13.5	18.9	19.7	24.2	21.0	100
平均貯蓄残高（万円）	283	687	1,111	1,636	2,331	2,213	1,664
保有割合（%）	0	6	13	19	34	28	100
平均純資産（万円）	-2	-138	173	1,102	2,122	2,107	1,190
保有割合（%）	0	-2	3	18	43	37	100

出所：総務省家計調査（平成22年10月29日発表）をもとに筆者作成

かも退職金を手にしている人も多いでしょうから、結果としてネットベースの金融資産は「60歳以上に偏在する」ということになります。

ただしこの偏重の度合がここ5年間だけでも前ページのようにかなりのペースで拡大していることは問題です。85ページで述べたように、公的年金ひとつを取っても、世代間格差がひとりあたり数千万円に上るとの試算結果もあります。

「中高年も大変だが若者の生活も厳しい」というのが現在の日本の状況です。

終章　再雇用の道を選んだほうが良いケース（7つのタイプ）

これまで本書では、第1章で、①老後に1億円以上もの生活資金が必要になること、②これに対しては公的年金が思いのほか頼りになること（1億円の必要資金のうち年金がじつに7300万円をカバー）、しかし同時に、③年金だけでは十分でないことを見てきました。

第2章から第4章にかけては、サラリーマンがいま勤めている会社が60歳の時点で用意する「再雇用」の現実に触れ、もう1つの選択肢としての「定年後の個人起業」について検討してきました。

最後にもう一度確認しておきたいことは、「定年後の個人起業」は誰にでもお勧めできるものではないことです。

本書では退職金の一部、すなわち300万円なり500万円を起業資金に充《あ》てて、その範囲内でサラリーマン時代の経験を活《い》かせる分野で個人事業を始めることを「検討してみてはどうか」と提案しています。しかし当然のことながら、人によって「向き・不向き」があります。起業に向かない人が個人事業を定年後に始めても、みすみす300万円なり500万円を摩《す》ってしまうことにつながりかねません。

60歳からの再雇用に関しても、人によって受け止め方がまったくと言っていいほど異なります。

再雇用先で周囲に疎《うと》んじられ「長年会社に貢献してきたというプライドを踏みにじられる」と感じて、鬱《うつ》病になってしまう人もいます。

かと思うと、逆に、たとえ金額が少なくとも毎月定額の給料をもらえるのはありがたいと、大して苦労に感じず元気良く再雇用先に通う人もいます。

後者のような人が定年後起業の道を歩んでも、「来月いくら収入を上げられるか分からない」ことを不安に思う生活を送るようになってしまいます。

再雇用制度を利用すべきか、あるいは個人起業すべきか、これは煎《せん》じ詰めれば、自分はどういうタイプの人間かを判断することにほかなりません。起業に対する「向き・不向き」を見極めてみることが重要なのです。

次に挙げるようなタイプの人は、個人事業を始めるなどという道を選ばず、企業が用意してくれる再雇用制度を利用したほうが良いと思います。

①腰が重い人

セルフスタートができる人、腰の軽い人でないと、起業しても成功はしません。たとえば、会社を作りたいと考えたとたん、起業関連本を何冊も入手して勉強する――自分はこういうタイプの人間か、そうでないか、で判断します。

係長時代は課長の指示、課長になると部長の指示を待って動く日本のサラリーマンには、セルフスタートできるタイプは意外に多くないようです。

②批評家・評論家

ここで言う批評家・評論家とは、アフターファイブに居酒屋で上司や同僚の悪口を並べる人のこと。自分のことを棚に上げて不平不満を言う人は、自己責任で仕事を進める個人起業に向きません。

個人起業においては、不満のやり場を自分自身に向けるしかなくなってしまいますから、精神的に滅入ってしまうのです。

③権力にしがみつく人

会社に入ったときから、出世して権力を握ることだけを考えている人がいます。こういうタイプは仕事の腕を磨く代わり、社内営業に磨きをかけて出世し、計画通り権力を振り回すかもしれません。しかし、彼の周囲に人は集まりません。こんな人は起業しても以前の肩書にしがみつき、取引相手を呆《あき》れさせるだけでしょう。

いつまでも「昔流行《はや》った演歌歌手」では新しい成功の道は開けません。

④仕事の話しかしない人

仕事熱心なのはいいことですが、社会的な出来事に無関心で、仕事の他に何の趣味もないとしたら問題です。社会の動きを読み、人間関係を有効に築くことも、仕事には必要な能力だと思います。

もっとも第4章で紹介した「創業者の狂気」をもつ人のように、自分の仕事を成功させることに尋常《じんじょう》でない執念を燃やしているなら話は別です。しかし、そういう人は組織に長く留《とど》まれませんから、さっさとやめてとっくに自分で起業していることでしょう。

⑤ゴルフと麻雀の話しかしない人

自分で仕事を始めると、「働けば働くだけ収入が上がる」ことに気がつくようになります。多くの定年起業家は働くこと、お金を儲けることに喜びを感じ、「週末にもゴルフをせずに仕事をするようになった」と言います。

逆に定年後はゆっくりとゴルフや麻雀を楽しみたいという人は再雇用制度を利用して、できるだけたくさんの休暇を取って、自分の好きなゴルフなり麻雀なりを楽しんでください。

⑥テレビと週刊誌しか見ない人

再雇用先でプライドを踏みにじられる目に遭《あ》っても、テレビや週刊誌でガス抜きできる人はストレスをコントロールするのがうまい人。あえて自己責任の起業の道を行く必要はなく、再雇用先が少しくらい辛《つら》くとも「お金をくれる場所」と割り切って、就業時間後や週末の自分の時間を楽しみましょう。

⑦同期や同僚が気になって仕方ない人

同期や同僚のポストや年収が気になる人。こういう人は他人との比較のうえで自分の人生を考えてしまうタイプの人です。同期よりも広い住宅に住んでいるとか、部下の人数が多いとか……。

一方、起業というのは肩書きや外見は関係なく、煎じ詰めれば仕事と自分だけの世界です。自分が納得いく仕事をできるか、顧客を満足させられるか、たとえ部下がひとりもおらず狭苦しいオフィスに通い詰めても、自分が行なっている仕事に満足できるかが重要なのです。

第3章でご紹介したバートン・ビッグス。彼が70歳でヘッジファンドを立ち上げたときに構えたオフィスは薄暗く汚れた部屋でした。モルガンスタンレー時代の高層ビルの大きく清潔なオフィスとは雲泥《うんでい》の差だったのですが、それでもビッグスは「窓を開けて外の空気を吸える」ことに満足していたと言います。

「窓を開けて外の空気を吸える」ことに幸せを感じるか、あるいは大企業の名前を冠した「部付き部長」や「理事」、「参与」の名刺を誇りに思うか、起業が向くのか再雇用が向くのかは、案外そんな単純なところに答えがあるのかもしれません。

人には「向き・不向き」がありますから、無理をして、向いていないことをしても楽しくありません。自らの性格や実力を見極めて、笑顔で過ごせる日が少しでも多い道を選びとってください。

付録　思いのほか簡単――こうすればスタートできる

◉定年後に「やりたいこと」を2年以上前から考えておく

60歳近くなってから退職後の人生設計をするより、前もって「定年後」を考えましょう。再就職するにしても、起業する場合も、あらかじめ準備を進めておくにこしたことはありません。

ちなみに私の場合、40代初めから「将来はこんなことがしたい」というイメージをもっていました。あなたにとっては、この本を手にした今が定年後を真剣に考えるファーストチャンスです。

◉税務署へ届ける

個人事業、個人起業、いずれの場合もスタート前（もしくは直後）に税務署に届け出をしなければなりません。個人事業を始める場合は基本的には「個人事業の開廃業等届出書」を1枚書くだけ。

もちろん自分でもできますが、できれば税理士を雇って届出の提出や確定申告を頼みましょう。確定申告は最初の1、2年税理士に頼み、要領が分かったらその後は自分で申告してもいいと思います。

個人起業者も税理士とタッグを組んで、極力税金額を抑えましょう。消費税の計算1つを取っても、原則課税を選択するか簡易課税方式を選ぶかなどで、支払う税額が変わってきます。

◉資本金1円でもOK　株式会社の作り方

株式会社の場合、以前は資本金として最低300万円が必要でしたが、今は1円からでも設立可能です。自分で設立、登記することも可能ですが、税理士および行政書士もしくは司法書士に依頼することが一般的です。会社設立に関しては本がたくさんでていますので、それらも参考にするといいでしょう。

◉法人税、事業税、消費税の納付方法

会社を作ったら税金の納付が欠かせません。基本的には税理士に頼みますが、本などで知識を身につけて、できる範囲のことは自分でやりましょう。「弥生」などの会計ソフトを利用して記帳を行ない、必要な領収書も自分で添付していきます。そのほうが税理士への支払いも少なくてすみます。ちなみに税理士費用は千差万別ですが、相当程度を自分でこなせば（ネット上で見る限り）、月額1万円以内ですむ場合もあるようです。ネットを使って検索すると相場水準が分かります。

◉資本金はいくらにするか

先に説明したように、1円から株式会社を作れます。その場合、商業登記簿謄本には「資本金1円」と記されます。あなたの会社の取引相手が法人となる場合、ある程度の資本金の額（300万円など）のほうが相手先に信用されるケースもありえます。

第4章で述べたように、退職金から300万円なり500万円を回して資本金にする、そして資本金がゼロになってしまったら会社をたたむという考え方で起業している人もいます。

◉銀行口座の開設

これは絶対必要です。ひと昔前までは、新設会社は信用力が評価されなくて、大手の銀行ではなかなか口座を開かせてもらえませんでした。しかし今では銀行で「会社を作ったので口座をもちたい」と言えば、比較的簡単に開設できます。個人事業をする場合も、銀行口座を新たに設け、個人の日常生活の資金と分別して管理しましょう。

◉メールアドレス、ウェブページは必須

立派な名刺を作って渡しても、メールアドレスが記されていなければ相手に信頼してもらえません。個人のアドレスをすでにもっていても、できれば仕事用に新しいアドレスを作りましょう。

商談をスムーズに進めるために、ホームページを作ることもお勧めします。今ではホームページビルダーなどで簡単にできますし、ドメインもメールアドレスもすぐ取得できます。10ギガバイトくらいの容量であれば月額数百円でレンタルサーバーを借りられますから、これを活用しない手はありません。

◉バイク便、国際宅配便、カタログ事務用品を徹底活用

個人起業者にとって、今はひじょうに便利な世の中です。数時間で相手先まで荷物を運んでくれるバイク便も安くなりました。海外との取引には国際宅配サービス会社のフェデックス（FedEx）が使えますし、プレゼンテーション用資料などは、複雑なものでもキンコーズ（Kinko's）で製本できます。

オフィスの備品、事務用品はオフィスデポやアスクルのカタログを見て電話あるいはパソコンから注文すれば、翌日には届きます。効率よく仕事を進めていくために、これらをうまく使いこなしましょう。

◉秘書センターの利用

オフィスをもたず、従業員がいなくても、会社は設立できます。秘書センターを利用すれば、会社にかかってきた電話は、センターの秘書が受けて、自分のケータイにつないでくれます。

あとがき

——歳をとるにつれて、1年があっという間に過ぎていくようになった——

そう感じている方が多いのではないでしょうか。人の身体に組み込まれている「体感時間」は年齢を重ねるほど早くなる、という説があります。10歳の子供にとって1年は人生の10分の1ですが、50歳の人にとっては50分の1。そのため体感時間は加速度的に速くなっていくのだとか。

私も45歳を迎える頃から、「1年が短くなっている」と感じるようになりました。ここ数年はさらにその感覚が強まり、昨年（2010年）1年間も「あっという間に過ぎてしまった！」という恐ろしい実感をもっています。

体感時間について調べていたら、こんなブログの一節が目に留まりました。

「体感時間が老化する（気づいたら時間が過ぎてしまい、成長しなくなる）と何が怖いかというと、成長しないことに慣れてしまうようになることだと思います。子供の頃は毎日何かしら新しいことがあって成長していて、仕事を始めたての新入社員の頃も、毎日学びがありました。それがだんだん平和な日常に慣れてしまうと、自分の成長が鈍化していくことに気づかなくなってしまうのです」

こう書いたのはスタンフォード大学の日本人留学生ですが、思わずドキッとしました。「成長しないことに慣れてしまう恐怖」とは日本経済にも当てはまるようですし、定年が近づく世代にも当てはまる気がします。


――人生を1日に譬《たと》えると、50代は午後2時ごろ――

新聞で見つけた記事によると、こんな説もあるそうです。午後2時といえば、太陽が真上にあがる正午は過ぎたものの、夕暮れどきにはまだまだ間があります。

さてあなたは、これを「まだ2時」ととらえますか？　あるいは「もう2時」ととらえるでしょうか？

私の感触では、残念ながら後者のように考えてしまう人のほうが多いような気がします。というのは、50代にして精神的に「守り」に入ってしまう人をよく見かけるからです。

守りに入るということは、将来に漠然とした不安を感じているからだと思います。確かに不安の要因はいろいろありそうです。たとえば本書でとりあげた年金問題や定年退職後の仕事、自分自身や家族の健康状態も不安の元かもしれません。

しかし、ただ守りに入っても不安は解消できないのです。

むしろ不安の要因となっている事柄と正面から向き合い、対応策を考えることで、気持ちが前向きになり活力が出るのではないでしょうか。

「定年後　年金前」と題して、本書では年金、生活、介護の問題に関して対応策を考えてきました。特に経営学で使う「キャッシュフロー」の考えかたを取り入れて、老後にいくらの資金が必要なのかを論じてきました。

これによって読者の方々が持つ「将来への漠然とした不安感」が少しでも解消され、具体的な対応策を考えるきっかけとなってくれれば、著者として望外の幸せです。

午後の2時から守りに入るのは早過ぎます。まだ3時間以上も仕事ができますし、アフターファイブに新しい世界の扉を開くことも可能です。

体感時間の1年は以前より短くなっているかもしれませんが、実際の1年は社会人になりたての頃と変わっていません。しかも時間の使い方は、若い頃よりずっとうまくなっているはず。まだまだつづく人生をより有意義に、より楽しく過ごすためにも、自分をもう一段成長させたいものです。

成長を実感することで、あなたにとっての体感時間は再び長く感じられるようになり、充実した生活を送れるようになります。

〈主な参考文献〉

（全般）

・ダニエル・ピンク著、池村千秋訳『フリーエージェント社会の到来』（ダイヤモンド社、２００２年４月）

・今野信雄『定年５年前―人生をさらに充実させる自己変革プラン』（ＰＨＰ文庫、ＰＨＰ研究所、１９９０年11月）

（年金）

・中尾幸村、中尾孝子『図解 わかる年金―国民年金・厚生年金保険・共済組合２０１０―２０１１年版』（新星出版社、２０１０年４月）

・週刊東洋経済『50歳からのお金と生活』（東洋経済新報社、２０１０年８月28日号）

・週刊ダイヤモンド『年金の大誤解』（ダイヤモンド社、２０１０年２月20日号）

・首藤由之『「ねんきん定期便」活用法 サラリーマンのための年金とお金の講座』（朝日新書、朝日新聞出版、２００９年12月）

・鈴木亘『年金は本当にもらえるのか？』（ちくま新書、筑摩書房、２０１０年７月）

・細野真宏『未納が増えると年金が破綻するって誰が言った？』（扶桑社新書、扶桑社、２００９年３月）

（介護）

・週刊ダイヤモンド『介護全比較』（ダイヤモンド社、２００７年11月10日号）

・週刊ダイヤモンド『頑張らない介護&安心の老人ホーム』(ダイヤモンド社、2010年10月23日号)
(起業)
・木谷哲夫『ケースで学ぶ実戦起業塾』(日本経済新聞出版社、2010年8月)
・松田公太『すべては一杯のコーヒーから』(新潮社、2002年5月)
・藤井孝一『会社を辞めずに年収を倍にする! ノーリスクな副業・起業・独立のためのパーフェクトガイド』(講談社BIZ、講談社、2009年6月)
・佐藤建一『会社を辞めてフリーで・個人で事業を始める前に読む本』(PHP文庫、PHP研究所、2007年2月)
・週刊東洋経済『70歳まで働く!第2の就活』(東洋経済新報社、2010年10月2日号)

切りとり線

★読者のみなさまにお願い

この本をお読みになって、どんな感想をお持ちでしょうか。祥伝社のホームページから書評をお送りいただけたら、ありがたく存じます。今後の企画の参考にさせていただきます。また、次ページの原稿用紙を切り取り、左記まで郵送していただいても結構です。

お寄せいただいた書評は、ご了解のうえ新聞・雑誌などを通じて紹介させていただくこともあります。採用の場合は、特製図書カードを差しあげます。

なお、ご記入いただいたお名前、ご住所、ご連絡先等は、書評紹介の事前了解、謝礼のお届け以外の目的で利用することはありません。また、それらの情報を6カ月を超えて保管することもありません。

〒101—8701（お手紙は郵便番号だけで届きます）
祥伝社新書編集部
電話03（3265）2310
祥伝社ホームページ　http://www.shodensha.co.jp/bookreview/

★本書の購買動機（新聞名か雑誌名、あるいは○をつけてください）

＿＿＿＿新聞の広告を見て	＿＿＿＿誌の広告を見て	＿＿＿＿新聞の書評を見て	＿＿＿＿誌の書評を見て	書店で見かけて	知人のすすめで

★100字書評……定年後 年金前

名前

住所

年齢

職業

岩崎日出俊　いわさき・ひでとし

1953年、東京都生まれ。早稲田大学政経学部卒業後、日本興業銀行に入行。スタンフォード大学経営大学院で経営学修士取得。1998年より2003年までＪ・Ｐ・モルガン、メリルリンチなどの外資系投資銀行（マネージング・ダイレクター）を経て、現在、経営コンサルタント会社「インフィニティ」代表取締役。『サバイバルとしての金融』『金融資産崩壊』（ともに祥伝社新書）のほか、『投資銀行』『リーマン恐慌』『金融恐慌後のサバイバルマネー術』などの著書がある。

定年後《ていねんご》 年金前《ねんきんまえ》

空白の期間にどう備えるか

岩崎日出俊《いわさきひでとし》

2011年２月10日　初版第１刷発行
2017年９月30日　第６刷発行

発行者……………辻 浩明
発行所……………祥伝社《しょうでんしゃ》
〒101-8701　東京都千代田区神田神保町3-3
電話　03(3265)2081(販売部)
電話　03(3265)2310(編集部)
電話　03(3265)3622(業務部)
ホームページ　http://www.shodensha.co.jp/

装丁者……………盛川和洋
印刷所……………萩原印刷
製本所……………ナショナル製本

Printed in Japan　ISBN978-4-396-11231-8　C0233